現代国際社会学のフロンティア

アジア太平洋の越境者をめぐるトランスナショナル社会学

西原和久

国際社会学ブックレット　4

東信堂

「国際社会学ブックレット」刊行趣旨

21世紀の今日、グローバル社会化は確実に進展してきている。ドイツの社会学者、ウルリッヒ・ベックが述べたように「個々人の人生はすでに世界社会に対して開かれて」おり、「さらに世界社会は、個々人の人生の一部である」にもかかわらず、「政府は（依然として）国民国家の枠組みのなかで行為する」状況が続いている（U. ベック『危険社会』）。

これまで社会学は実証性を求めて社会研究をおこなってきた。だがベックの言葉を再度借用すれば、それは「過去の忠実な再現でしかない」し、そうした「伝統的な学問による検討だけでは古い思想の殻を打ち破ることはできない」。いま求められるのは、「未だなお支配的である過去と対照することにより、今日すでにその輪郭をみせている未来を視野の内に据えることを追求する」ことではないだろうか。

ここに、国際社会学ブックレットと銘打ったシリーズの小冊子を刊行する。その狙いは、国家のなかの社会だけを研究する「方法論的ナショナリズム」を乗り越えながら、グローバルな視野で未来を展望することである。各冊子の著者たちは、国際社会の現状を踏まえて、それぞれの思いで未来への展望を語るであろう。それは「今日すでにその輪郭をみせている未来を視野の内に据える」試みである。

単に狭い意味での社会学だけでなく、世界における、戦争と平和の問題、格差と差別の問題、そして地球環境問題などを含めて、このブックレットのシリーズが、読者諸氏の思索の一助となり、読書会や研究会、あるいはゼミなどでの議論の素材を提供できれば、それは望外の喜びである。

東信堂・国際社会学ブックレット企画刊行委員会
代表　西原和久・下田勝司

まえがき――本書の問いと視点

2016年の年末にドナルド・トランプがアメリカ大統領に選出された。その前後から、国際社会では「アメリカ・ファースト」に象徴されるような「自国ファースト」＝「自国中心主義」が際立つようになってきた。イギリスのEU離脱問題もこの流れで理解することができる。そして、ヨーロッパでも難民排斥を訴える政党が一定の支持を集めるようになってきている。

1990年前後の東欧・ソ連の崩壊で冷戦が終結したかに見え、さらに1993年には欧州連合（EU: European Union）も発足し、1994／95年ごろはインターネット元年などと称されて、いよいよ新たな時代の世界が始まると感じた人も少なくなかった。しかし、このポスト社会主義の時代においてアメリカは世界的な影響力を保持しようと努め、2001年の9.11テロ後、2003年にイラク戦争を主導してフセイン政権を倒した。しかし、戦争開始の名目であった大量破壊兵器は見つからず、さらにイラク周辺ではイスラム国を名乗る新たな勢力の台頭を招き、混乱を深めた。さらに21世紀の00年代には中国の急速な経済発展もあって、アメリカの一極集中は崩れ始め、識者の一部では米中あるいは（2014年のウクライナ紛争以後は）ロシアも含めた米中ロの間での「新しい冷戦」という言葉も聞こえ始めている。日本、韓国、北朝鮮、中国、台湾、フィリピン、ベトナムなどと極東ロシアなどもかかわる東アジアの北東地域でも、領土問題をはじめとして分断と対立が目立ち、一種の冷戦構造の様子さえうかがえる情況だ。

グローバル化が進展して国境の壁が低くなり、世界が平和に向けて歩みだす可能性もあったポスト冷戦期に、事態はむしろ逆に19／20世紀的な国家主義が息を吹き返していると見ることもできる。20世紀の2度の世界大戦と冷戦下での地域戦争（朝鮮戦争やベトナム戦争など）の経験から学ぶことが十分になされないまま、21世紀という時代が流れている。

しかし、国際社会は、本当にこのままでいいのだろうか。核兵器をもった人類が戦争という忌まわしい国家行為を回避して、平和な社会で人生を心豊かに過ごすことはもはや不可能なのであろうか。平和と共生に向けたトランスナショナルな連携は単なる理想にすぎないのであろうか。いや、希望は捨てたくないと思う。では、いかにしてそうした理想に向けた社会を構想・実現することができるのだろうか。

本書は、アジア太平洋の視角から論じるいわゆる「国際社会学」に関する本である。しかし本書の書名には、「フロンティア」という言葉や「トランスナショナル社会学」という言葉も記されている。フロンティアという言葉は、『広辞苑』(第7版)によれば、「①国境地方。辺境。特に、アメリカの西部開拓における未開拓地域。②最前線。未開拓の分野。」というように示されている。本書では主に②の意味で用いる。他方、アメリカ史においては、植民地時代から1890年代ごろのフロンティア消滅までの西漸(せいぜん)運動(westward movement)の時期は、白人入植者たちがいわゆる先住民インディアンから土地を奪って自らの版図を拡大していった時代であり、そしてそこで「辺境」や「未開拓地域」が問題となっていたのである。本書の視点は、しかしながら、このケースとは真逆である。

本書はむしろ、追いやられたネイティヴ・インディアンなどの社会的マイノリティの立場に心寄せながら、アジア太平洋における国境を越える人びと＝越境者の視点から現代国際社会学を論じる試みであって、そのような意味において、これまでは「未開拓」であった新たな分野への挑戦なのである。それゆえ、本書では帝国主義者や植民地主義者といった強者である入植者ではなく、諸般の事情から移動を余儀なくされた難民を含む移民・移動者・越境者に焦点が当てられる。そしてその際、もう1つの焦点は、東アジアと環太平洋を中心とするそうした越境者たちの歴史社会的背景に立ち入りつつ、かれらの日々の実践の積み重ねによる社会変容・社会変革にある。それはいわば、「上から」の変革ではない「下から」の変革であり、さらに言えばそれは、国境を越える横方向の空間的な移動が社会を変えていくという意味では「横から」の変革であるということができる*。

グローバル化が進展している現在、問われているのは、国境を越える人びとが実践するトランスナショナルな交流である。その点で、本書は国と国との関

---

* この「横から」の意味合いに関しては、さらに西原編2006『水・環境・アジア』、および西原・油井編2010『現代人のための社会学・入門』を参照されたい。

係である「国際関係」ではなく、人びとのトランスナショナルな交際・交流である「人際関係」にこそ主眼がある。したがって、本書の副題は、「アジア太平洋の越境者をめぐるトランスナショナル社会学」とした。言い換えれば、東アジアと環太平洋が記述の核となる「トランスナショナル社会学」の展開が本書の主題となる。ではさっそく本論で、まずこの「トランスナショナル」な「社会学」に関して述べることから始めていきたい。

現代国際社会学のフロンティア／目次

国際社会学ブックレット　4

現代国際社会学のフロンティア

——アジア太平洋の越境者をめぐるトランスナショナル社会学——

第1章　トランスナショナル社会学という視点
——越境という実践への着目

上下：第６回世界のウチナーンチュ大会パレード（沖縄・那覇：筆者撮影）

01　トランスナショナル社会学――越境空間論へ

最初に、本書の主タイトル「現代国際社会学のフロンティア」にある「国際社会学」を検討してみたい。国際社会学も社会学の1つである限り、社会学的視点を採用する。社会学的視点とは、簡潔に述べれば、①人びとの相互行為や社会関係に焦点があり、しかも②日常的な社会生活がポイントとなり、さらに③現代という時代に主眼が置かれ、そして④方法論としては実証的な視点を採用する社会科学の1つである。簡潔に表現すれば、①関係性、②日常性、③現代性、④実証性という4つが社会学の中心的な視点である*。

したがって、国際社会学は、国際的な事柄を扱う社会学ということになる。ただし、この「国際」(international：国と国との際)という言葉も多義的である。筆者が目指そうとする「国際社会学」とは、結論を先取りして簡潔に述べれば、国家を超えて相互行為をおこなう行為者たちを主なアクターとし、そうした行為者たちを結びつける主要な媒体が愛憎などを含む「心情」であるような特性をもつ、国家を超えた結びつきにかかわる学問分野である。これは、国家を主なアクターとして覇権をめぐる「権力」の問題に焦点化する「国際政治学」や、企業を主なアクターとして「貨幣」の問題に焦点化する「国際経済学」と対比してみると、その特性が明確になるだろう。本書で論じる「国際社会学」の研究対象は、一言でいえば、越境・交流・共生などといったトランスナショナルな実践にかかわる人びとが相互に織りなす「行為」の世界である**。

現代においては、グローバル化が進むことで「社会」それ自体が変容してきた。日本社会を例にとれば、戦後日本の高度経済成長期には外国人は少なかった。日本で外国人が目立つようになるのは、改定された入管法(出入国管理及び難民認定法)が1990年に施行されてからだ。1990年代になって日系南米人や外国人研修生(現在の技能実習生)が増えた。日本社会それ自体が多民族化・多文化化

---

* この社会学的視点に関しては、西原・保坂編 2012『増補改訂 グローバル化時代の新しい社会学』参照。

** その意味では、複数の国家内部のナショナルな社会を検討し、それらを比較検討する「比較社会学」とも異なる。

し、さらに外国にルーツをもつ人びとの多くは出身国の人びととも繋がりをもつことで、社会関係が国境を越えるようになったのである。加えて、海外留学や国外駐在などによる移住者、あるいは国際結婚移住者、さらにはインバウンド・アウトバウンドの海外旅行者なども国境を越える越境者であることも、すぐに思いつくだろう。今日、「社会」は人びとの移動実践に伴って国境を越えて形成されつつある。

したがって、国際社会学は、国家と国家との関係である「国際」関係というよりは、国境を越える社会形成という意味（アーリ 2006）でのトランスナショナルな「人際（にんさい）」関係*が焦点となっていることがわかる。だとすれば、国際社会学というのはややミスリーディングである。むしろ、人びとの脱国家的移動と国家を超えた社会関係を問うとすれば、その社会学は、国際社会学（International Sociology）というよりも、トランスナショナル社会学（Transnational Sociology）と名づける方が適切だろう。現代国際社会学はトランスナショナル社会学なのである。

なお、グローバル社会学という呼び方もあるが**、これは主に近代以降の世界史的な歴史展開に主眼があり、国家単位の思考が中心になりがちな国際社会学とともに、本書の中心的視座ではない。もちろん、必要な限りで、これまでのグローバル社会学や国際社会学（宮島ほか 2015）の知見は参照するが、本書の中核は、人びとの国境・国家を超える社会空間の形成である。それゆえ、ここでは、国境・国家を超えるという意味での越境によって形成される社会空間を「越境空間」と呼んでおきたい。

要するに本書は、「越境空間」に焦点化した「トランスナショナル社会学」を展開する本ということになる。ただし、トランスナショナル社会学という言葉は既存の社会学においてはまだ十分に市民権を得ていない。日本社会学会の専攻

---

* 人際という言葉は、「じんさい」ではなく、「にんさい」と呼んでほしい。「人＝じん」は、主に日本人、アメリカ人などのように所属に関する用法が目立つ。それに対し、「人＝にん」は、たとえば料理人、仕事人、病人などのように個々の人びとの仕事・実践・活動状態にかかわる面が強いと思われるからである。

** コーエン & ケネディ 2003『グローバル・ソシオロジー 1, 2』参照。なお、地球社会学やプラネット社会学などといった用語も生まれていることを付け加えておく。

分野リストのなかに、トランスナショナル社会学という用語は（まだ）ない[*]。そこで、次にこの「トランスナショナル」という言葉、さらには「トランスナショナリズム」という（専門）用語についても少し立ち入って見ておきたい。

そこで、まず「トランスナショナル」（transnational）という言葉について考えてみたい。筆者はすでに別の著作でこの言葉について何度か検討しているが[**]、ここでも繰り返しを厭わず、だがなるべく簡潔にこの言葉について述べておこう。

トランスナショナルのトランス（trans）には主に、①横切る→横断、②超える→超越、③繋ぐ→接合という意味合いがある。①はアメリカ横断（trans-American）、②はまさに超越する（transcend）という言葉で示され、さらに③は乗り換える（transfer）や翻訳する（translate）など２つの物事を繋いで接合するという意味合いが英語にはある。

さらにナショナルという言葉にも言及しておく。ナショナル（national）はネイション（nation）やナショナリティ（nationality）、あるいはナショナリズム（nationalism）などとともによく使われる語だが、語幹の natio はもともとラテン語で同郷集団や団体などの意味をもっていた。現在では、nation は国家や国民あるいは民族などとも訳される言葉である。また nation-state という英語は日本語では「国民国家」と訳されるが、中国では「民族国家」と訳される場合が多い。ただし、民族という言葉は、人種という言葉とともに、主に英語では race で表現されることも多く、人種差別（racism）などのネガティブな意味合いももつので、近年は民族を示す場合にはエスニシティ（ethnicity）やエスニック集団（ethnic group）という言葉が好まれている。

以上をまとめると、トランスナショナルとは、国家横断的に、かつ国家を超えて、複数の国家間を繋いでいくということを示す言葉だといっておくことができる。そして筆者は、こうしたトランスナショナルな相互行為に着目する社会学的用語として、トランスナショナリズム（transnationalism）という立場を強調してきた。ただしこの用語も、使用する社会学者において、どこに力点を置くか

---

* 2019 年 3 月に正式発足した「東アジア社会学会」では、「トランスナショナル社会学」という常設部会が成立した。

** たとえば、西原 2016『トランスナショナリズムと社会のイノベーション』および西原 2018『トランスナショナリズム論序説』参照。

によって微妙にニュアンスを異にしているように思われる。そこで筆者は、トランスナショナルな事態を明らかにする社会学用語としての「トランスナショナリズム」という考え方を、主に次の3つの視点に分類してきた。すなわち、

⑴ 事実としてのトランスナショナリズム：これは、人びとが実際にトランスナショナルに移動し行為している実践的な社会状態を指す。
⑵ 視角としてのトランスナショナリズム：これは、主に社会学研究者が、⑴のトランスナショナリズムに積極的に光を当てて研究する方法論的な立場を指す。
⑶ 理想としてのトランスナショナリズム：これは、社会学者を含む人びとが、⑵を活用して⑴を踏まえつつ、さらに目指すべき理想・理念としてこのトランスナショナリズムを活かして未来の社会を構想するような主義・主張・理念を指す。

以上の3つのトランスナショナリズムは、⑴実践論的トランスナショナリズム、⑵方法論的トランスナショナリズム、⑶理念論的トランスナショナリズムと呼んでおくことができるであろう*。

なお、ウルリッヒ・ベックというドイツの社会学者は、これまでの社会学者が国家の内部の社会だけを対象として研究してきたことを「方法論的ナショナリズム」(methodological nationalism)にとらわれていると批判し、国家を超えて世界を志向する「方法論的コスモポリタニズム cosmopolitanism」を提唱した**。しかし、本書全体を通して筆者が論じるように、日本／北東アジアの現状を考えると、一足とびに世界全体を論じるようなコスモポリタニズムを提唱する段階に現代はまだない。EUというリージョナルな統合体が成立しているヨーロッパにおいては、次の目標がコスモポリタニズムだと表現できるかもしれないが、それ以

* 実践論的トランスナショナリズムを筆者はかつて経験論的トランスナショナリズムと呼んだが、「経験論」という言葉がわかりにくいという指摘もあり、今回は人びとの実践という意味合いを強調して、実践論という言葉を使用した。

** ベック2008『ナショナリズムの超克』参照。なお、筆者自身は、日常生活における、いわば「土着の万民平等主義」としてのコスモポリタニズムを考えている。西原・樽本編2016『現代人の国際社会学・入門』参照。

前の国家間の対立が顕著な北東アジアにおいては、いわば国家を超えるトランスナショナルな「方法論的リージョナリズム」こそ当面の目指すべき方向だと筆者は考えている。では、リージョナリズムとは何か。これについてはまだ説明していないので、次の節で簡単に触れておこう。

02　現代世界を見る６つの位層とグローカル化論

筆者は、人と人との関係からなる「人間社会」を考えるときに、①コーポレアルな位層、②パーソナルな位層、③ローカルな位層、④ナショナルな位層、⑤リージョナルな位層、⑥グローバルな位層、の６つの「位層」を考えている。

①の位層は生命体としてのヒトが、他の生命体と取り結ぶ関係に焦点がある。コーポレアル（corporeal）とは肉体や身体を示す言葉である。この位層はいわば生体としてのヒトが他と結びつく社会性の位層である。②は主に友人関係や家族関係などの身近な他者との個人的な関係の位層であり、③は地域社会における集合体（身近な親族関係や地域集団などの自然的集団から学校や会社や役所・地方自治体などの人為的団体まで）を包括する位層であり、④は以上の諸位層を包摂する日本やアメリカや中国などといった現代国家の位層、⑤は国家を超える東アジア、西欧、北米、南米などといった近隣諸国家の集合からなる広域地域の位層、最後の⑥は文字通りの地球全体的／全球的な位層である。

以上を踏まえると、移民のようなトランスナショナルな移動者は、主にローカルな（出身地という）場から、自らのナショナルな位層（国境）を超えて、他のローカルな（移住地という）場へと移動すると言える。そうした移動の結果、出身地と移住地との交流が見られるのであれば、そこにはトランスナショナルかつリージョナルな関係が生じていると言えるだろう。もう１つのわかりやすい例は、諸国家がEUのような国家を超える統合体を形成する場合であり、それはまさに（理念論的）リージョナリズムの実践であると言えるだろう。

なお、筆者としては、こうした位層の議論の際には、①のコーポレアルな位層もきわめて重要な社会学基礎理論だと考えており、これまでにもしばしばこれらに言及してきた（西原 2003, 2010）。しかし、本書ではこの位層に対しては必要に応じて言及するにとどめ、焦点をパーソナル、ローカル、ナショナル、リージョナル、グローバルな位層を中心にしたいと考えている。そうする理由は、「現代国際社会学」としては、現代社会ではグローバル化の進展という大きな波が各地に押し寄せており、かつその影響がリージョナル、ナショナル、ローカル、パーソナルな位層にも及んでおり、その点について社会学者も「グローカル化」（glocalization）という重要な課題として対応が迫られているからでもある。ただし、本書はグローカル化にしばしばふれるが、それ自体を主題とはしていない。しかし、グローカル化は現代国際社会学にとって大いに関係する世界的変容なので、「グローバル化」とともに、ここでも簡潔に触れておきたい。

グローバル化（あるいはグローバリゼーション）は英語圏で用いられる言葉である。フランス語はむしろ地球化（mondialisation）と表現され*、中国語では全球化と表現される。本書では、グローバル化という言葉を使用し、かつそれを1960年代から目立ち始め、1990年代から本格化する変容だと捉えている。しかしながら、グローバル化に関しても、いくつか注意すべき概念上の留意点がある。そのことを本節の最後に触れよう。

グローバル化に関しては、(1) 肯定論、(2) 否定論、(3) 中立論、(4) 懐疑論などがある。新自由主義的な立場で世界経済を推進する人びとは (1) の立場をとるし、それを地域の経済や文化を破壊するものだなどと批判する反グローバリズム運動などにかかわる人びとは (2) の立場に立つ。さらにグローバル化は最近のことではなく、16世紀あるいは19世紀から始まっているという人びとは (4) の立場に立つ。それに対して本書はむしろ、グローバル化は不可避で、価値観というよりは世界社会の変容を示す言葉として理解し、(3) の立場に近い。ただし、グローバル化の意義や問題点、さらには近代における変化も視野に入れたいので、(1) や (2) や (4) にも留意したい。

とはいえ、グローバル化はローカルな基礎をもつことに留意が必要だ。マクドナルドがグローバル展開するためには、世界各地のローカルな場に店

---

* 韓国語でも、지구화（jiguhwa）と表現され、訳せば地球化である。なお、ドイツ語は Globalisierung で英語に近く、スペイン語では、globalización/mundialización で、英語系と仏語系の両方が用いられているようである。

舗を構えなくてはならない。それゆえ、グローバル化とローカル化を二項対立的に捉えるべきではない。そもそも、グローバル化がなければローカル化もないし、逆もまた真である。グローバル化とはローカル化と結びつき(globalization+localization)、つねに「グローカル化」(glocalization)と表現することができる*。そして重要なことは、グローカル化の作用は、グローバルな位層からローカルな位層へ(さらにはパーソナルな位層へ)向かう「下向」の作用だけではなく、むしろ逆に、パーソナルな位層を基点としてローカルな位層からグローバルへと向かう「上向」の作用にこそ、出発点として大いに着目できる点である。本書においては、個々のパーソナルな動きの集積された「ローカル」な動きがトランスナショナルに展開されて、ナショナルな枠を超えて、リージョナルそしてグローバルな意味をもつことを、「グローカル化」の重要な特性として捉えておきたい。この点は本書の最後にもリージョナリズムとともに触れることになるので、ここでは以上の指摘に留めておく。

さて、概念整理的な記述はここまでとし、さっそく現代国際社会学の中身に入っていこう。

---

* 「グローカル化」に関しては、成城大学グローカル研究センター編 2020『グローカル研究の理論と実践』も参照してほしい。

第2章　東アジア系越境者の動き
――日系と沖縄系を中心に

上：カナダ・バンクーバーのフレイザー川の及川島
下：同地の日系国立博物館・文化センター（筆者撮影）

03 日本における越境者たち——入移民と出移民

日本における越境者を考えようとするとき、いうまでもなく日本に来る越境者と日本から出ていく越境者を区別しなければならない。越境者のうち、きわめて短期の旅行者を除いて、一定期間——ここでは半年程度の時間幅を考えることとする*——他の国に滞在する者は、広い意味で移民(migrant)と呼ぶことができる。そこで日本に来る移民は入移民(immigrant)、日本から出ていく移民は出移民(emigrant)と呼ばれる。

まず入移民から見ていこう。さて、1990年の改定入管法の施行以来、日本に居住する外国人は急増した。在留外国人数は、1970年には約70万人、1980年には約80万人であったが、1990年には100万人を越え、2005年には200万人も越えて2010年には213万人となり、2018年には273万人となった。約50年前と比べて、おおよそ4倍である(出典は国立社会保障・人口問題研究所HP:http://www.ipss.go.jp/index.asp参照)。今日では、その8割程度がアジア系移住者である。この急速な増加傾向は留学生に関しても同様であり、1980年頃は1万程度であった留学生数が、政府の留学生10万人計画もあって、1990年には4万人を越え、2000年には6万人も越えた。そして2003年にはついに10万人を越えた。だがその後すぐに、2020年に留学生を30万人とする計画が立てられ、2010年には留学生数が14万人に達し、2015年には20万人、2018年にはついにほぼ30万人というところまできた(ただし、統計は2011年度からは日本語学校などの教育機関も含むようになった。文部科学省や日本学生支援機構のHPなどを参照されたい。たとえば次を参照。http://www.mext.go.jp/a_menu/koutou/ryugaku/1412692.htm)。なお、国別では、中国から114,950人(対前年比7,690人増)、ベトナムから72,354人(対前年比10,683人増)、ネパールから24,331人(対前年比2,831人増)といったようにほとんどがアジアからの留学生であるが、このような数値を追うと、アジア系越境者の「急増」という言い

---

* 国連関係機関では、一般に1年以上の滞在者を移民としており、その数は世界で2億人を越えると言われている(カースルズ & ミラー 2011)。ただし、その場合は半年程度の季節労働者などは含まれなくなるので、ここではもう少し広く考えておくことにする。

方が可能だろう。約30年前と比較しても、総数はほぼ8倍である。

訪日観光客の場合はもっとドラスティックである。その数値は、1970年には約66万人だったが、1980年にはほぼ倍の約131万人となり、1990年には324万人となった。そしてついに2001年には500万人を越えた。そうした時期にビジット・ジャパンの施策がすすめられ、さらに2008年には観光庁がスタートして、訪日外国人旅行者数は2013年に1000万人を越え（1036万人）、2016年には2000万人を越え（2402万人）、2018年には3000万人を越えた（3119万人）。現在では、観光庁のHPで簡単に最近の数値の動向をみることができる（たとえば、次のサイトを参照されたい：https://www.mlit.go.jp/kankocho/siryou/toukei/in_out.html）。ここ50年という時間幅では、ざっくり50倍近い急増ぶりである。そして、ここでもアジア系旅行者が際立つ。中国本土、台湾、香港を含めると中国系だけでも過半数になる。今日の日本社会がアジア系――とくに東アジア系――の越境者によって多文化社会化している様子もこうした数値からうかがうことができる（吉原編2013）。日本における国際化とは、主として「アジア化」である。

しかし、逆に考えれば、50年前の戦後日本の高度経済成長期には、旅行者を含めて外国人は日本においてほとんど見かけなかったのだ。もちろん、戦後の経済の高度成長期には多くの労働力を必要とするようになったはずだが、その労働力は「金の卵」と呼ばれた中卒者に象徴されるような地方からの若い労働力（農家の次三男が代表的だ）によって補われたのである。したがって、その段階ではまだいわゆる「外国人労働者」と呼ばれる単純労働に従事する人びとはほとんど存在しなかったと言ってよい。

外国人「労働者」の動向に関していえば、何よりも1993年にスタートしたいわゆる外国人「研修生制度」が特筆されるべきだろう。それは、2010年には「技能実習生制度」に変化したが、数自体は着実に増加してきた。技能実習生制度が本格的に動き出した2011年においてその数は約14万人であったが、2018年には30万人を越えた（国際研修協力機構や経済産業省等のHPを参照されたい。ここで参照したのは、https://www.meti.go.jp/policy/mono_info_service/mono/fiber/ginoujisshukyougikai/180323/3_mhlw-genjyoukadai.pdfである）。しかも、2020年には40万人を大きく越えると予測されている。さらに2018年12月の臨時国会でかなり強引に決まった在留資格「特定技能」の新設により、2020年の東京オリンピックを前にした2019年の4月から特定技能として介護や建築現場などで働く人びとを、一定の専門性・技能を有し即戦力となる外国人として受け入れるかたちで外国人労働者の枠それ自体が拡大されたのである。この「特定技能」の新設は、法務省のHPなどでは、「新たな外国人材の受入れ及び共生社会実現に向けた取組」だと記されているが、どこまで「共生社会」の実現に向けた試みであるかは、今後をしっかり見ていく必要がある。

というのも、そもそもの前述の外国人「研修生」制度においては、日本の進んだ技術を習得し出身国の発展に役立てるという「国際貢献」を謳ったものであったが、それは技能「実習生」と名前が変わっても同じで、じつは名ばかりの「研修」や「実習」で、事実上は低賃金の外国「労働者」であることは今日では周知の事実であろう。マイノリティである外国人労働者の視点から見れば、日本人と同じ、あるいは残業も含めそれ以上の働きをしながらも、賃金は低く抑えられているのが実情である。外国人といえども同じ労働者であり、同一労働・同一賃金という原則はかれらにも適用されるべきだが、現実には大きな格差がある。「共生社会」では、外国人は差別されても当然なのだろうか。

さらに、もう1つ、国際結婚移住者に関しても戦後日本では大きな変化があった。国際結婚といえば、かつては外国人男性＋日本人女性が際立っていたが、今日では、日本人男性＋外国人女性の組み合わせが主流となった。この場合の外国人女性はほとんどのケースがアジア系女性である。総数に関しても、1970年代は年間1万組（婚姻件数総数に占める割合1%以下）にも満たなかったが、その後増えて1980年代には1万組台（1%台）に乗り、1990年直前には2万組台となり、その割合も3%台となった。2000年代に入ると、総数は3万組台となり、ピーク時の2006年には4万組台で国際結婚比率は6%を越えた（その際には、16組に1組が国際結婚だと語られた）。ただし、現在は減少して2万組台となり、その比率は3%台で推移している。とくに21世紀の00年代にこの間の数値を押し上げたのは中国人妻やフィリピン人妻の増加であったが、現在はそれらが減少しているからだ。それにしても現在の数値は、高度成長期の日本の数倍近い値ではある。ちなみに、1980年代に東北のある町が役場のお金で集団見合いをして国際結婚を促すケースがあったが、それは一種の人身売買を税金を使って公的機関がやるようなものだという批判もあって、現在は民間の仲介業者がかなり高額の手数料を取って斡旋しているケースがほとんどである。いずれにせよ、21 世紀の 00 年代には、とくに中国東北部から、民間業者を通した国際結婚が目立ったのである。ただし、中国経済の発展もあって、現在は日本人夫との国際結婚はやや下火になっている。

さて、他方で、日本からの出移民に関してはどうか。かつて 16 世紀頃にも東南アジアへの出移民が多数存在したことが知られている。だが、なんといっても日本の出移民は、近代日本になってからである。明治元年には、世代わりの社会の混乱に乗じて、「元年者」と呼ばれる近代最初の約 150 名の移民がハワイなどに旅立っている。かれらはいわば出稼ぎ移民で、国内法的には不法移民であった。正式な移民は、日本とハワイ王国が「日布条約」を結んで以降、1885 年に「官約移民」としてハワイに旅立ったのが最初である。10 年ほど続いた官約移民の後は、民間の移民斡旋業者が仲立ちとなって、ペルーやブラジルへもたくさんの日本人が移民として旅立った。その様子は、それぞれのケースに応じて、後述したいと思う。そこで具体例としては、まずハワイ移民の話から始めよう。

04　多文化社会ハワイにおける日系人と沖縄びと

前述のように、政府が関与する移民は官約移民と呼ばれ、1885 年に 946 名の日本人がハワイに向かっている。しかし、そのなかには沖縄からの移民は含まれていない。1870 年代に琉球国が廃止されて沖縄県となった。沖縄の人びとが最初にハワイに向けて沖縄を出発したのは 1899 年で、横浜を経由してハワイに着いたのが 1900 年であった。しかしまた、そのハワイ自体も、沖縄と同様、かつては独立の王国であった。1795 年にカメハメハ大王（一世）がハワイの諸島を統一し、ハワイ王国樹立を宣言した。しかし 8 代目の王（女王）のリリウオカラーニは、力を付けてきたアメリカ人砂糖キビ農場経営者らの白人のクーデターで退位を余儀なくされ、さらに 1898 年に白人のみの議会で（形式的には民主的に、ただし王国関係者や先住民は選挙権すらない状態で）アメリカ合衆国への併合が決定されたのである。そしてハワイは、1935 年にはアメリカの軍事基地として軍需景気が到来してにぎわい始めたのであった。それゆえ、1941年の真珠湾攻撃の標的となったのである。

さて、沖縄移民の視点から、日本のハワイ移民の歴史を見てみよう。約15年遅れでハワイに着いた沖縄系移民26名は、低賃金の肉体労働という過酷な情況だけでなく、先に来ていた本土の日本人から強烈な差別も受けることになった。沖縄の人びとは日本（本土＝ヤマト）に征服された人びとであり、しかも沖縄の人びとは本土とは異なった言語（方言）を話す「未開の」民のように扱われ、馬鹿にされたようだ*。今日、沖縄にはハワイ日本文化センター（JCCH）に集う本土系の日本人とは別に、ハワイ沖縄センター（HOC）に集うウチナーンチュ（沖縄びとを示す沖縄の言葉・方言）の人びとの存在が際立つ。毎年9月には、オアフ島でオキナワン・フェスティバルが開催され、2020年で38回目となる。またハワイ大学には、日本研究センター（CJS）と別に沖縄研究センター（COS）がある。このように、ハワイにおいては、沖縄の存在感が際立つ。

とはいえ、国籍という観点からみれば、沖縄県人も日本人である。したがって、1924年にアメリカ政府は、いわゆる排日移民法を定めたので、本土からだけでなく沖縄からの新たな移民も認められなくなった（その時点で沖縄系を含めた日系人は22万人に達していた）。ただし、家族呼び寄せなどは可能だったので、写真だけでお見合いして結婚し、ハワイに「妻」を呼び寄せる結婚花嫁（picture bride）という方法で、ハワイに来る日系人も少なくなかった。

かくして、1940年時点でのハワイにおけるエスニシティ別の人口とその割合は、日系＋沖縄系約15.8万人（ハワイの全人口の約37%）で最大、ついで欧米系の白人が約11.2万人（同26%）、ハワイの先住民系が6.4万人（約15%）、フィリピン系が5.3万人（12%）、中国系が2.9万人（約7%）となっていた。ちなみに、1920年の時点では沖縄系を含む日系人が42%を越えていた。いずれにせよ、ハワイには日系人を中心に過半数が東アジア系であったのだ**。

そして、ハワイの日系人においては、運命の1941年12月7日（ハワイ時間）を

---

* 鳥越2013『琉球国の滅亡とハワイ移民』、および西原2018『トランスナショナリズム論序説』参照。

** この箇所のデータは、塩出2015『越境者の政治史』および岡部2002『海を渡った日本人』などを参考にした。

迎えることとなる。日本軍による真珠湾攻撃である。開戦後「敵性国民」と認定された日系人（沖縄系を含む。以下同様）は、アメリカやカナダなどの多くの国で強制収容所に送られることになった（次節 05 参照）。ただし、ハワイの場合はあまりにも日系人の比率が高いので、すべてを強制収容することは不可能で、かつ経済混乱も引き起こすことになるので、リーダー層だけが強制収容された。そしてハワイで生まれ育った日系 2 世は、別の過酷な運命に遭遇することになる。1943 年にはアメリカ軍に志願した日系 2 世を中心とする 442 連隊が結成され、欧州戦線でたくさんの死傷者を出しながらも、孤立した他の連隊を救出するなど大活躍する*。さらに過酷なめぐりあわせは、アメリカ陸軍情報部の語学兵（Military Intelligence Service：MIS と呼ばれた通訳兵や翻訳兵）となった沖縄系の人びとである。かれらは、親の母国・沖縄での戦いにも加わった。沖縄語（＝ウチナーグチ）と英語を話すことができる米兵として、かれらは沖縄で非常に貴重な存在だった。沖縄戦でガマ（自然洞窟）に隠れているウチナーンチュにウチナーグチで投降を呼びかけたり、その後の取り調べで大活躍したりした。もちろん、戦闘行為に出くわした人さえいる。とくに同じ沖縄びとが敵味方になったケースは悲惨である。

沖縄戦に投入された沖縄系 2 世移民のアメリカ兵は、まさに祖国と母国のはざまに立たされ、かつ戦争によって死と向い合せの状況に投げ込まれたのである**。さらにまた、日系人の強制収容という悲劇も、北米地域を中心に生じていた。次にその点を見てみよう。

---

* この 442 連隊の優れたリーダーの一人がハワイ生まれの日系 2 世ダニエル・イノウエであった。戦場で片腕を失ったが、後に彼はアメリカ議会のハワイ選出の民主党国会議員となり、最終的に大統領継承順位第 3 位の地位までのぼり詰めた。彼の墓はオアフ島の通称パンチボールの国立墓地にあり、そしてハワイのホノルル国際空港は 2017 年 4 月からダニエル・K・イノウエ国際空港と改名された。

** 西原 2018『トランスナショナリズム論序説』には、こうした MIS に関する（インタビューに基づく）記述がある。合わせて参照願いたい。

05　日系人強制収容の教訓──アメリカとカナダ

よく言われるように、アメリカ合衆国自体、17世紀以後のイギリスなどからの入植者と呼ばれる人の移動で成り立ってきた移民国家である。1776年の独立宣言以後も移民の波は続き、西欧のみならず、北欧や東欧、さらに南欧からも移民が続いた。そして第2次世界大戦後は、アジアやラテン・アメリカ、さらにキューバ難民やインドシナ難民なども到来していた。

アメリカでは、1875年に最初の移民に関する法ができたが、それはその後も改訂が続けられている。主なものでは、1882年に中国人を排斥する法案ができ、さらに1907年には日本からの移民を制限する「日米紳士協定」などができて、ついには1924年にいわゆる「排日移民法」が成立した。その年は、日本の関東大震災の翌年で、日本国民からは「国辱」と感じられたようだ*。

そして、1941年12月に真珠湾攻撃が起こったのだ。日系人が多かったハワイとは異なって、アメリカ本土では、日系移民ほぼ全員が「敵性国民」として強制収容所送りとなった。カリフォルニアのマンザナー強制収容所をはじめとして、主に中西部の砂漠のような場所などアメリカ本土10か所に簡素な収容施設ができ、各施設で平均約1万人程度、合計で10万人を越す日系人が収容された。終日監視されるなかで、粗末な建物に閉じ込められて、日系人は耐えるしかなかったようだ。「日系」というだけで「敵性」と見なされるのも辛く、理不尽な思いもあったであろう。

戦後、アメリカでは「リドレス」運動が起こった。リドレス（redress）とは、過ちを正すという意味だ。戦後の1948年には日系米人の強制的立ち退きに対する賠償法が一応成立したが、正式にはこのリドレス運動が実って、1988年にレーガン大統領のもとで市民自由法が成立し、日系移民および日系米人への公式謝罪があり各自に2万ドルが支払われた。アメリカが掲げる自由と公正の侵害だったと政府が認めたのである**。そしてその歴史社会的背景には、1950年代から60

---

* 吉田1983『国辱』によれば、これは徳富蘇峰の発した言葉である。

** アメリカのリドレス運動に関しては、全米日系人協会のHP, Discovery Nikkeiを参照されたい（http://www.discovernikkei.org/en/journal/）。

年代にかけての公民権運動があったのである。

公民権運動は、1955 年、アラバマ州の公営バスで「白人に席を譲れ」という運転手の命令を拒否した黒人系のローザ・パークス（後に「公民権運動の母」と呼ばれた）が、南部の人種分離法違反で逮捕されたのを機に、バス・ボイコット運動が起き、さらにキング牧師らが抗議運動に加わって、一気に全米に燃え広がっていった。キング牧師の「I have a dream」の演説は有名であり、たとえば、いつの日が自分の 4 人の子供たちが肌の色ではなく、人柄の中身で評価される国にしたいという夢などがそこで語られた。その夢の始まりは、1964 年の公民権法（Civil Rights Act）の制定となった。とはいえ、法律はできても差別はその後も続いており、黒人暴動も全米各地で生じた。

ただこの間に、移民に由来する日系アメリカ人は高い教育水準や就業率、さらに高収入と低犯罪率などで「サクセス・マイノリティ」とか「モデル・マイノリティ」と呼ばれるようになっていた（前出の全米日系人協会の HP など参照）。

アメリカは、世界人口が 18 億人の 1915 年に人口 1 億人（そのうち白人が 84%）に達し、世界人口が 35 億人と推定されていた 1967 年に人口 2 億人となった。その際の白人率は 67% で全米人口の三分の二であった。だが 2006 年、世界の人口は 65 億でアメリカの人口は 3 億人となったが、その際の白人比率は 53% で、ぎりぎり過半数を維持していた（米国国勢調査局等のデータによる）。しかしながら、2040 年代、世界人口も 90 億程度になる見込みの際には、4 億人に達するとみられているアメリカの総人口のなかで、おそらく白人率は過半数を切るだろうと予測されている。アメリカ＝白人の国という連想は過去のものとなりつつある。なお、全米人口が 3 億人に達した 2006 年には、黒人 13%、ラテン系 15%、そしてアジア太平洋系が 5% であった。現在、そして今後も、ラテン系やアジア系が増える見通しだ。初の黒人系のオバマ大統領が誕生したのは 2009 年であり、また白人至上主義に近いとされるトランプ大統領が誕生したのは 2017 年であった。アメリカ人の選択は揺れている。

他方、多文化主義を謳うカナダはどうであろうか。カナダは 16 世紀にフランスの探検家によって知られるようになり、17 世紀にまずフランス人がケベックに入植地を作っていたが、18 世紀後半にはイギリスとの戦争に敗れて、イギリスがカナダを統治するようになり、1867 年にイギリス領の自治領として「カナダ連邦」が成立した（こうした経緯からケベック州では独立運動がいまも盛んである）。その後、太平洋に面するブリティッシュ・コロンビア州も連邦に編入され、1914年には第一次世界大戦にも参戦し、1931年になってようやくイギリスから法的に独立し、実質上の独立国になった。ただし、意外にも、完全な主権国家となったのは、国連加盟や国旗・国歌・憲法などの制定を経た1983年である*。

さて、越境者の観点からカナダを見るとどうであろうか。日系移民は、カナダの場合、1888年に和歌山県美浜町三尾出身の工藤儀兵衛がバンクーバーのスティーブストンに渡って居を構えてから2000人を超える集団的な移民が始まった。出身地の美浜町三尾は現在、「アメリカ村」と呼ばれ（バス停の名前ともなっている）、移民に関するカナダ資料館も近くに建てられている。なぜ、この時期に日本からカナダに人びとは渡ったのだろうか。その理由の1つは、1887年に香港から横浜を経由して、バンクーバーへ至る太平洋航路がイギリスによって開かれたからである。イギリスはこれで、カナダの大陸横断鉄道の西海岸までの延長と合わせて、インド→香港→バンクーバー→大西洋が繋がって、イギリス発着で世界を一周できることとなったのである。

この太平洋航路も活用したのが、宮城県登米市の旧増渕地区を中心とした400名あまりの集団移民である。そのリーダーは、地元に製糸工場を作るなどしてイノベーターとして知られていた及川甚三郎（「オイジン」さんと呼ばれていた）である。彼は1896年に単身でバンクーバーに渡り、その後、1906年に密航船「水安丸」で仲間82名をカナダに送り込んだ。この間の事情は新田次郎の『密航船水安丸』という小説に詳しいが、1889年にはバンクーバーに日本の総領事館ができており、労働力不足のカナダの事情を念頭に、カナダ関係者と事前に打ち合わせて密航したようだ。最終的に、オイジンのリーダーシップのもとで宮城から400名の移民がバンクーバーに渡ったのである。かれらは市内のフレイザー川の小島を買い上げて住居および工場を建て、鮭の卵イクラの塩漬けなどを製造・輸出して活況を呈していたようだ。しかしながら、現在、その地を訪ねてみると、島は無人となっており、その繁栄の面影はほとんどない。なぜか。それは、カナダでも日系人の強制収容がおこなわれたからである。

---

* こうした経緯に関しては、吉田 2003『増補版 カナダ日系移民の軌跡』を参照されたい。

バンクーバーにはパウエル通りと呼ばれる地区もある。この地の野球チームを描いた映画『バンクーバーの朝日』でも知られている地区だ。そこはかつてカナダ在住の日系人が集う一大日本人街であった。現在は、一部のガイドブックが、ここは治安の悪い地区だから立ち入らないようにと警告している。そう、ここもまた「敵性国民」日系人の強制収容で廃れてしまった街であったのだ。そして戦後、カナダでもリドレス運動が起こった。最終的に1988年にカナダ政府は日系人に謝罪し、多額の補償金（一人当たり21,000カナダドル、および日系コミュニティのための基金1,200万カナダドル）を支払った*。こうした謝罪・賠償は、カナダ政府が過去の反省を踏まえて1970年代初頭に明確に多文化主義政策を採用した路線の延長線上でなされたというべきであろう。

そして、カナダの多文化主義を語るには、トルドー親子に触れなければならない。父親のピエール・トルドー首相は、1971年に世界に先駆けて「多文化主義宣言」をおこなった。息子のジャスティン・トルドー首相は、2015年に首相となってから、先住民族への差別に対する謝罪をおこない、閣僚の数を男女同数にしたり、難民出身者を閣僚に起用したりするなど、先進的な改革をおこなっている。現在カナダでは、西のバンクーバーだけでなく、東のトロントでもチャイナタウンやインド人街、さらにポーランド人街やギリシャ人街なども存在して、多文化社会化が際立っている。カナダは、英仏の二文化の共生だけでなく、自覚的に多文化主義を標榜した最初の主要国である。その次に同様な多文化主義を標榜したのが、オーストラリアである。目を、オーストラリアとニュージーランド、そして太平洋島嶼国からなるオセアニアに転じてみたい。

---

* その基金でバンクーバーには日系（Nikkei）国立博物館・文化センターという立派な施設ができており、そこに日系の新たな国際結婚移住者を含む数多くの日本からの越境者とその関係者が日々集っている。

第３章　環太平洋と多文化社会の諸問題

——「南」から問う視座

上下：ニュージーランド・オークランドの街角にて（筆者撮影）

06　多文化主義の問題──オセアニア地域の経験

ここでまず、多文化主義という言葉に関して簡単な定義を与えておこう。多文化主義とは、「一つの社会の内部において複数の文化の共存を是とし、文化の共存がもたらすプラス面を積極的に評価しようとする主張ないしは運動」だといえよう*。

さて、イギリス系移民を中心に1901年に連邦国家を形成したオーストラリアもまた、1972年に多文化主義の導入を宣言した。それは20世紀初頭以来の白人中心主義政策であった「白豪主義」からの大きな転換であった。この転換に、オーストラリア版の公民権運動ともいわれる先住民のための全国遊説隊「フリーダム・ライド」という学生運動も貢献したであろう**。1973年には二重国籍が認容され、1993年には先住民アボリジニの人びと固有の権利を認める「先住権原法」が成立している。これらの一連の政策は「人道主義的多文化主義」とも呼ばれており、2000年のシドニー・オリンピックでは、アボリジニの選手を前面に出して「環境にやさしい多文化社会オーストラリア」を謳っていた。

しかしながら、オーストラリア政府は2001年に438人のアフガン難民を乗せた船（タンパ号）の入国を拒否し、太平洋の小さな国ぐにに押し付けて解決を図ろうとするパシフィック・ソリューションという対応をした。そのあたりから、オーストラリアの多文化主義は「人道主義的」なものから、排外的で「経済主義的」なものに変質しているという批判が表に出てくるようになった。もっとも、オーストラリアの多文化主義がイギリスのEC加盟の動きによって英豪の経済関係の絆が弱まることに対して、アジアとの関係強化を打ち出したのであって、そ

* 梶田1996『国際社会学のパースペクティブ』における定義を引用した。なお、日本の場合は、2006の総務省の定義がある。その定義は、「地域における多文化共生」に焦点化して、「国籍や民族などの異なる人々が、互いの文化的ちがいを認め合い、対等な関係を築こうとしながら、地域社会の構成員として共に生きていくこと」とされている。

** メルボルンの国立博物館の1階には、その運動で使われたバスの大きなレプリカが置かれている。なお、オーストラリアには、イギリス系だけでなく、たとえばドイツ系の移民などヨーロッパ系の移民も存在した。たとえばアデレードという都市には、ドイツ系移民の博物館がある。

もそも「経済主義的」なものであるという見方もできるであろう。

現在、オーストラリアへの移住者では、イギリスから約130万人、ニュージーランドからの約60万人に次いで、中国から50万人強、インドから50万人弱、フィリピンから約25万人強、そしてベトナムからも25万人弱、といったようにアジア系の移住者が際立つ（数値は2016年時点、出典は翁2019）。シドニーにも大きなチャイナタウンがある。ワーキングホリディや留学生なども含めて、日本からの来豪者も年間で30万人を越える人気の国オーストラリアであるが、インド人排斥の「カレーバッシング」が起こるなど、その多文化主義は曲がり角に来ているということができよう。

寛容や調和そして多様性を謳うリベラル派に対して、保守派は社会の分断に対して強い批判を続けている。そもそも、多文化主義は、特定のエスニシティの人びとだけに閉じられたかたちで生活して社会の分断を強めているという批判も根強くあり、また移民政策は費用対効果の点からもコストがかかりすぎるとか、失業問題を中心に白人への逆差別であるといった批判もある*。環太平洋の主要国であるオーストラリアが今後どういった方向に進むのか、たいへん興味深い。

その点で、もう1つの多文化社会であるニュージーランドも興味深い展開を示してきている。現在の人口は500万程度で国土面積は日本の7割ほどであるが、ニュージーランドはもともとポリネシア系の先住民マオリの人びとが多数の部族社会を形成して住んでいた島であった。しかし、18世紀後半からヨーロッパ人が移り住み始め、1840年（中国ではイギリスとの間でアヘン戦争が始まった時期である）には、イギリスとマオリの各部族首長間でワイタンギ条約が締結された。この条約の現物はオークランドの博物館などでも見ることができるが、本文はわずか3条からなるシンプルなものである。第1条ではマオリの主権はイギリス国王に譲渡されると記されるが、しかし第2条でマオリの所有権はイギリス国王によって保障されるとされ（ただし所有権の売買に関してはイギリス国王に先売権があると但書され）、そして第3条ではマオリの人びとにイギリス国民としての保護と特権を与える、というものである。これをマオリの人びとへの保護策とみるか、典型的な帝国主義の不平等条約の押し付けとみるかは見方による面も

＊ 塩原2010『変革する多文化主義へ』参照。この本をはじめとする塩原良和の著書は多文化主義や多文化共生などを考える際の参考になる。

あるが、マオリの人びとは1960年代からこの条約の不当性と差別の問題を鋭く指摘し、是正闘争を続け、その結果、1980年代には政府が謝罪し、1990年代にはマオリの部族連合に多額の賠償金が支払われた*。

なお、2019年3月にオーストリア国籍をもつ28歳の青年が、クライストチャーチにおいてモスク襲撃・銃乱射事件を起こし、51名が死亡する事件が起こった。クライストチャーチ(キリスト教会)という都市の名前、そしてこのイスラム教徒襲撃事件は、2011年2月にクライストチャーチで起きた大地震で日本人語学留学生28名がビルの倒壊で亡くなる(なお、中国人留学生も同時に23名が亡くなっている)出来事とともに、外国人に寛容な社会の安全のあり方も考えさせられる多文化社会の抱える問題を象徴的に表しているといえる。多文化教育や核兵器の廃絶という非核化問題にも積極的に取り組んできたニュージーランド政府のもとで、多文化社会ニュージーランドが今後どうなるのかという点に大いに注目したいと思う。

07　小さな国ぐにの冒険——太平洋島嶼国の戦後

「非核化」という点は、いわゆる南太平洋の小さな国ぐにでも大きな注目点となっていた**。なぜならば、アメリカやフランスが、この地域で核実験を繰り返

* この条約は、日本の明治政府がアイヌの人びとに対して制定した1899年の「北海道旧土人保護法」(13条から成る)に類似する面がある。その「保護」法は、「第一條北海道旧土人ニシテ農業ニ従事スル者又ハ従事セムト欲スル者ニハ一戸ニ付土地一萬五千坪以内ヲ限リ無償下付スルコトヲ得」とし、さらに「第七條」では、「北海道旧土人ノ貧困ナル者ノ子弟ニシテ就學スル者ニハ授業料ヲ給スルコトヲ得」などとしていたが(歴史学研究会編1997a)、要するに先住民アイヌの人びとの土地の没収、収入源である漁業・狩猟の禁止、そしてさらにアイヌ固有の習慣風習の禁止や日本語使用の義務、そして日本風氏名への改名による戸籍への編入、旧土人教育規程による極端な同化主義政策などの政策のもととなったのである。なお、この「土人保護法」は驚くべきことに、1997年まで残っていた。

** ここで南太平洋という言葉も使ったが、太平洋島嶼国は、ミクロネシア、メラネシア、ポリネシアの3地域からなる。とくにミクロネシアは日本からみれば確かに南に位置することは間違いないが、北半球にあるので南太平洋と呼ぶのは微妙な点もある。

していたからである。象徴的な出来事は、1954年3月にビキニ環礁でなされたアメリカの水爆実験の死の灰を浴びた第五福竜丸事件で、無線長の久保山愛吉さんが亡くなったことだろう。日本の原水爆禁止運動にも強い影響を与えた事件だが、太平洋島嶼国にとっても大きな問題である。1966年には、フランスの核実験への抗議活動が契機となって、太平洋島嶼国は団結し始め、1971年に「太平洋フォーラム」として連携を強めた。このフォーラムは2000年には14か国の参加国からなる「太平洋諸島フォーラム」(PIF: Pacific Islands Forum) となった。

さて、その14の太平洋島嶼国は、パプアニューギニアの人口約750万人を除いて、いずれも1万人から100万人に満たない人口の小国である*。地球温暖化で国土が海中に没してしまう恐れのあるツバルは、ナウル共和国とともに人口1万人である。これらの国ぐには、イギリスやアメリカ、さらにニュージーランドなどから第2次世界大戦後に独立した国家である。その多くは、1960年代から1980年代に植民地支配を脱して、独立を達成した国ぐにだ。なぜこの時期だろうか。

1945年制定の国連憲章は、人民 (people) の自決＝自己決定権を認め、それを踏まえて1960年の国連総会で「すべての人民は、その政治的地位を自由に決定」することができるとした「植民地独立付与宣言」を採択した。その後も、国連は社会権規約と自由権規約からなる「国際人権規約」を1976年に発効させて自己決定権を明示し、さらに2007年には「先住人民の権利に関する国連宣言」を採択し、自己決定権を行使した自律または自治の権利を謳っている。この流れのなかで、国連は「脱植民地化特別委員会 (C-24)」を設け、「非自治地域リスト」(国際法でいう植民地のリスト) を作成し、太平洋には現在、「米領サモア」「グアム (米)」「ニュー

---

* そのうちで、例外としてニウエという国があり、人口が2000人にも満たない小国だが、日本は国家として承認している。ただし、ニウエは国連未加入である。なお、14か国とは、西北方面から示せば、パラオ、ミクロネシア連邦、マーシャル諸島、ナウル、キリバス (以上はミクロネシア)、パプアニューギニア、ソロモン諸島、バヌアツ、フィジー (以上はメラネシア)、そしてツバル、サモア、トンガ王国、ニウエ、クック諸島 (以上はポリネシア)、である。ニウエ以外は、小国とはいえ、国連の採択においては1票を投じることができる。ちなみに、パプアニューギニアのブーゲンビル島 (太平洋戦争の激戦地の1つ) でも独立機運が高まり、かなりの高い確率で独立国に向けて歩み始めている。

カレドニア（仏）」*「ピトケアン（英）」「トケラウ（ニュージーランド）」（カッコ内は宗主国的立場の国名である）の5地域が認定されている（世界では合計で16の認定地域がある）。なお、1986年に登録された東ティモールは2001年に独立している。現在、グアム、沖縄、プエルトリコなどには、リスト登録を目指す運動が存在している。

さて、植民地を経験してきた太平洋島嶼国の戦後は、脱植民地化＝独立への道を歩んだ時期であり、そうした国ぐには核兵器廃絶を願う国ぐにでもある。さらに、太平洋のこの地域の人びと、とくにミクロネシアとメラネシアの人びとは「太平洋戦争」に巻き込まれた人びとでもあった。その代表的な国が現在のパラオ共和国である。パラオの人口は現在約2万人。16世紀にスペインの植民地となり、その後19世紀末からはドイツの植民地となり、さらにドイツと戦って勝利した日本が第一次世界大戦後にパラオに対する委任統治国となって、1922年にパラオのコロールに南洋庁を設けて統治した。そして日本、とくに沖縄を中心に大量の人びとがパラオに移住するようになった（住民4万人のうちの3万人は「日本人」だといわれた）。そして、太平洋戦争の戦場になった。1944年には、パラオ南部のペリリュー島が激戦地となり、1万人以上の戦死者を出して日本軍は全滅した。その後、アメリカ軍は北上し、フィリピンや沖縄などを攻略していったのである。コロールには、いまは南洋庁の建物はないが、日本統治時代の名残を示すものは、Tsukarenaosu（ビールのこと）やBento（弁当）などの言葉として残っている。戦後はアメリカによる信託統治が始まったが、1981年には自治政府を発足させ、1994年に独立を達成し、国連に加盟した。初代の大統領はクニオ・ナカムラであった。2015年、平成の天皇夫妻はパラオを訪れ、戦死者に祈りをささげた。沖縄にも戦後11回行って戦没者を弔う姿勢などでは平成天皇の行動が評価されているが、ペリリュー島などで、天皇来訪の地が記念碑化されて「崇敬されている」（現地ガイドの言葉）という点には多少とも違和感を覚えざるを得ない。天皇の神格化のなかで戦争に駆り出されて死んでいった人びとは、どう思うであろうか。

---

* ニューカレドニアでは、2018年にフランスからの独立を問う住民投票がおこなわれたが、独立反対が56.4％で過半数となり、フランスにとどまることとなった。ただし反対多数でも、2020年と2022年に独立投票を実施する権利が残されている。なお、こうした独立に関する関連事項は、松島2012『琉球独立への道』を参照願いたい。

パラオには圧倒的に沖縄移民が多かった。地理的・気候的な近しさもあったのだろう。現在も沖縄系の人びとがパラオには多数住んでいる。レストランを経営するTさんファミリー、モーテルを経営する高齢のKさんなどの沖縄系住民には、筆者も2017年に直接インタビューすることができた。Tさんファミリーは現在、フィリピン系の奥さんをはじめとして、日本、沖縄、フィリピン、アメリカのハイブリッド・ファミリーであることを強調していた。またKさんは、「沖縄も独立して頑張ればいい、パラオですら独立しているのだから」と語っていたのが印象的であった。もともと天皇制とは無縁だった沖縄系の人びとの発想の豊かさに驚かされる。

ちなみに、パラオは「親日的」であるといわれている。その理由はいくつかあると思われる。たとえば、日本軍がパラオで勇敢に戦ったからだという人もいるが、それはおそらく違うだろう。ある女性社会学者が明らかにしているように、そして私自身も現地調査からそう判断しているが、親日的である理由は、パラオの(先住民の)人たちと沖縄系移民が非常に親しく交流していたからだろうと推察できる[*]。なぜならば、日本統治の役所、南洋庁が存在したコロールでは、日本人は中央から送られてきた高学歴の官僚からなる統治者＝支配者層を形成しており、かれらとパラオの人が交流するチャンスは少なかった。だが、一般庶民である沖縄系の移住者とパラオの人は非常に仲良く交流し、現在もパラオにとどまっている沖縄びとも少なくない理由となっている。つまり、パラオの人びとは「親日的」というよりも、沖縄びとに親しみを感じる「親沖的」なのではないだろうか。筆者はそう判断している。

そしてそこに移民が果たした役割もまた見ていくことができる。その意味で、日系、そしてとくに沖縄系の移民はハワイと並んで、ペルーやブラジルといった南米でも際立つ存在であった。そこで次に、移民・移動者、越境者に着目しつつ、中南米の世界の現在に足を踏み入れてみたい。

＊ 荒井2015『日本を愛した植民地』参照。この著者とほぼ同一の見解を筆者ももっている。

08 中南米のいま――スペインとアメリカの光と翳

2017年に就任したトランプ大統領は、アメリカとメキシコの国境に壁を作る政策を追求した。メキシコは、1994年に発効したNAFTA（North American Free Trade Agreement：北米自由貿易協定）の参加国であるが、EUとは異なって国境の移動の自由はない。それどころか、アメリカはメキシコを中南米からの通路になりうる国として警戒し、遠ざけ始めているように見える。メキシコはスペイン語が主要言語であり、むしろ中南米に近い国だとも言える。アメリカとメキシコ以南の国ぐにとの間に、いわば心の壁が作られようとしているかのようだ。

太平洋側にある中南米の国ぐには、2万年ほど前に、今日ではインディオと呼ばれる人びとがアジア方面から「北上」して「右折」しながら今日のベーリング海峡をわたって「南下」して――これは地図上の表現であって、現実には地球は丸いので、直線的な移動であったというべきである――、一部で高度な文明も形成していた地帯である。そして、ブラジルやカリブ海の一部の小国などを除いて、ほとんどが16世紀にスペインの植民地となった国だ。それゆえ、中南米のエスニック構成は、「メスティーソ」と呼ばれる先住インディオと白人（とくにスペイン系白人）とのハイブリッドな（混血の）人びとが目立つ。メキシコでは約6割がメスティーソであるといわれている。例外もあるが、多くの中米、南米の主要国、たとえばパナマやコロンビアからチリに至るまでの地域でも同様な傾向を示す。他方、カリブ海のハイチ、ジャマイカ、ドミニカなどでは「ムラート」と呼ばれる、黒人と白人とのハイブリッドな人びとが9割近くとなる。まずは、カリブ海を除く中南米の様子を見ておきたい。

メキシコでは、1519年にスペイン人コルテスによってアステカ帝国が滅ぼされた。しかしながら、1810年代にイダルゴ司祭を中心とする独立革命が始まり、1821年にスペインから独立した。現在、メキシコシティの市庁舎の正面階段には、イダルゴ司祭の巨大な絵が描かれている。しかしながら、その後のメキシコは経済的には大きく発展しなかった。20世紀になってアメリカ（資本）に対して不干渉を求めて「メキシコ化政策」を推進し、独裁的な政府によって一部でメキシコの奇跡と称される高度成長を実現したが、国内的には農村部と都市部での経済格差、貧富の差は拡大し、20世紀の80年代には経済政策は行き詰まり、アメリカへの出稼ぎ移民（循環移民とも呼ばれる）が際立つようになる。それゆえ国内でも、農村部ではNAFTAが発効する1994年に反グローバリズムを掲げるサパティスタ民族解放軍が武装蜂起したり、都市部でも「自己雇用」と称される自動車の窓ふきや靴磨きのような仕事が少年たちを含めて見られたりする。

日本を上回る1億3千万以上の人口を抱えるメキシコは、日本の17世紀初頭の慶長遣欧使節団が通過してハポン村と称される痕跡を残したり、明治期に榎本武揚のメキシコ殖民が実施されたりして、日墨人際関係には一定の歴史があるが、現在は自動車関連の日系企業が進出するなどして関係を深めている。メキシコは今後、その地の著名な大学であるグアダラハラ大学の経済学者たちによれば、APEC（Asia-Pacific Economic Cooperation：アジア太平洋経済協力［機構］）に大きな期待を寄せているようである*。

さて、目をさらに南に転じて行こう。中米では、まずコスタリカに着目できる。それは、1949年に軍隊を廃止する平和憲法を持った点で大いに注目できる国である。それまでの内戦で多数の死者を出したので、当時の大統領が「兵士の数だけ教師を」をスローガンに軍事予算を教育予算に変えて、教育国家に転換したのだ。1980年代には、積極・永世の非武装中立を宣言した。研究者によれば、軍隊をもたない国は世界に27か国あり、その代表がコスタリカである**。では、どのようにして安全保障を進めようとしてしているのか。その方向性は、積極的に良好な国際関係を創造し、地域の統合体形成にも積極的に関与していく点にある。CELACと呼ばれる33か国からなるラテンアメリカ・カリブ諸国共同体

---

* 成城大学との学術交流で示された見解である。なお、20世紀の国際政治史においては、旧ソ連のスターリンに追放された「政敵」トロツキーが最終的にメキシコシティに要塞のような家屋を作って居住して世界に向けて反スターリニズムに関する情報を発信し、そして暗殺された場所もある。現在そこは博物館になっているが、若者たちが多数訪問しているシーンに出くわして、驚いた経験が筆者にはある。なお、APECに関しては本書13も参照。

** 前田2008『軍隊のない国家』参照。ただし、平和憲法はもつが軍隊（自衛隊）のある日本はそこに含まれていない。なお、50年にわたる内戦で死者が20万人を越すといわれていたコロンビアでは、左翼ゲリラとの和平が成立し、立役者のサントス大統領は2017年のノーベル平和賞を受賞している。コロンビアもまた、平和への連携を積極的に進めている国の1つである。

(Comunidad de Estados Latinoamericanos y Caribeños)の形成に積極的に関与し、さらにここから核兵器廃絶に向けた声明を出したり、2017年の国連での核兵器廃絶の採択でも中心的な役割を果たした。

さらに南のパナマは、パナマ運河で有名な国だが、1914年にパナマ運河が完成した後も、1999年までアメリカが運河を所有しており、それに対抗する政治勢力を抑えるためにアメリカは軍事侵攻(1989年)さえおこなっていた。アメリカの裏庭の中南米にとって、現代ではアメリカ支配の構図をいかに脱出するかが大きな政治テーマとなっている。たとえば、南米のベネズエラが象徴的だ。1992-2013年にわたったチャベス政権は徹底して反米政策をとり、中国やロシアに接近し、かつ貧困層に手を差し伸べて国民に人気があった。彼の死後の後継政権も同様の方向で政策を進めたが、政争のなかで、アメリカ寄りの大統領も生まれて2人の大統領が存在するような内戦状況が生じた。もちろん、反チャベス系の大統領はアメリカに支援されていると言われている。ここには、いわば米中ロの代理戦争の様相さえ見える。アメリカは、植民地を認めずに国際紛争には干渉しないとするモンロー大統領の1823年の方針(モンロー主義)を長年維持していたが、1898年の米西戦争で、スペインに勝利して以後、フィリピンやグアムやプエルトリコなどを植民地化し始め(ハワイの併合もこの年であった)、南米にも積極的に干渉し始めるのである。中南米における「スペインとアメリカの翳」という本節の副題はこの点を示している。

そうした点では、チリもアメリカの翳を読み取ることができる。1970年に選挙で民主的に選ばれた世界初の社会主義政権(アジェンデ大統領)は、アメリカの支援を受けたピノチェト将軍らのクーデターで崩壊し、以後チリはピノチェト大統領のもとで新自由主義的政策を実行していくようになる。現在は、ピノチェト政権崩壊後で、彼に対する批判も強まっており、メルコスール(南米南部共同市場)への加入を目指して、地域統合への方向性も模索しているように見える。

さて、そのメルコスールであるが、1995年1月にアルゼンチン、ウルグアイ、パラグアイ、ブラジルの4か国によって発足し、現在の正加盟国は上記4か国に、ボリビアとベネズエラを加え、さらに準加盟国が、チリ、コロンビア、エクアドル、ガイアナ、ペルー、スリナムで、これらを含めて12か国がベースとなっている。ただし、政治的に不安定な国も少なくなく、EUのような状態には程遠いというべきだろう。とはいえ、南米はブラジルなどを除き基本的にスペイン語の世界であり、サッカーや言葉を通しての共通性も高く、人びとの移動はかなりの自由度がある。筆者の知り合いのペルー人は、ペルーで生まれ日本に働きに来た後に、チリで起業していた。南米に移民したかつての日系人たちも、より良い場所を求めて南米各地に移動していたようだ（吉田 2006）。

そこで、ペルーへの移動者たちに目を転じよう。日本からのペルー移民は、1899 年に 790 名が集団移住したのが起点となる。ペルーは日系大統領アルベルト・フジモリを誕生させた国でもある。ただし、ペルーでは沖縄系移民の比率が高く、約 10 万人とみられている日系の 7 割程度が沖縄系だと言われており、首都リマの日秘文化会館と別に広大な敷地をもった沖縄県人会の施設もリマに存在している。ただし、ここではハワイにおけるような対立関係は目立たず、相互交流は続いている（とはいえ、ペルーを案内してくれた筆者の知人――大学教授で沖縄系のペルー人――は、水面下では対立もあると語ってくれた）。リマの市街地は、スペインの立派な建物が林立し、西洋を思わせる風景だが、一歩郊外に足を延ばすと、古きインカ帝国の名残が際立つ。この帝国の名残で、道路網が拡がり、他の国との交流も進みやすいと思われる。1996 年の日本大使館公邸占拠事件は 14 名のテロリストの射殺で幕を閉じたが、現在その場所は閉鎖され、近くに二重の塀と複数の監視所を備えた立派な（要塞のような）公邸に生まれ変わっており、時代の流れを感じさせる。1990 年代以降は、そのペルーからも日系二世や三世が仕事を求めて来日し、日系ブラジル人とともに、東海圏を中心に日系南米人が目立っていた。

もちろん、日本で「移民」というとブラジル移民が代名詞的な存在だと思われる。1908 年に始まったブラジル移民は、最終的に約 30 万人に達し、その子孫を含めた日系人は現在 150 万人いると言われている（沖縄系に関しては、ブラジル沖縄県人会編 2000 参照）。サンパウロにはリベルタージという日本人街があり、そこにブラジル日本移民資料館という立派な建物もあり、県人会連合のような日系組織もここに本部事務所をもっている。戦前にあった「さあ行かう 一家をあげて南米へ」という標語とともに、青年が家族を抱え、鍬を手にしてブラジル（そして小さな字でペルー）を指さしている図は象徴的だ（このポスターは横浜の海外移住資料館でも見られる。キクムラ＝ヤノ編 2002 も参照）。ただし、ブラジルでは戦後すぐに日本の敗戦をめぐって、日本は負けていない（神国日本が負けるはずがない）とする「勝ち組」（臣道聯盟）によって、敗戦を認識すべきとする「負け組」の人びと多数が暗殺されるという悲劇が見られた。戦前の教育の恐ろしさと情報隔絶の怖さを痛感させられる。だが、ポルトガルの植民地であったブラジルの現在は、多様なエスニシティが存在し、社会学の名付け親コントの標語「秩序と進歩」（ORDEM E PROGRESSO）という文字を地球の中心に配した国旗を使用しており、大統領もカルドーゾ元大統領のように社会学者が担っていたりする国柄で、多様性のなかで国家の経済的な力もBRICS（ブラジル、ロシア、インド、中国、および南ア）の一角として増してきている。

なお、南米には日本に2016年に来日して世界で一番貧しい大統領として話題となったムヒカ大統領（彼の家系もまた西欧のバスク地方からの移民である）のウルグアイ、戦後の沖縄移民からなるコロニアというコミュニティがある（キューバ革命の立役者の一人である革命家のチェ・ゲバラの終焉地でもある）「ボリビア多民族国家」（Plurinational State of Bolivia）などがあり、移動者、越境者との関係でもたいへん興味深いが、紙幅上、ここまでとしよう。ただし、ウルグアイとともに白人比率の高い（ともに約9割である）大西洋側のアルゼンチンにだけはもう少し言葉を費やしておこう。

アルゼンチンは、19世紀後半から20世紀前半に、すでにヨーロッパから大量の移民が押し寄せていた。その数は700万人とも言われている。タンゴの国、アルゼンチンのブエノスアイレスはまるでヨーロッパの街並みそのものであると錯覚するぐらいヨーロッパ的である。しかし郊外は、農村地帯が拡がる。日系人の多くは沖縄や鹿児島からだといわれるが（在亜沖縄県人連合会編2016）、筆者はこの首都の郊外で1972年の「最後」の移民船で移住してきた新潟からの日系移民にインタビューすることもできた。ミズホ農園公園を営むMさんは、夜盗と銃で撃ち合うような移民の生活の辛さを語ってくれた。あまりの辛さに、長男は成人してから日本に戻ってしまい、現在も音信不通だという。移民の生活の苦しさの一端を垣間見る思いがした。

さらに、もう一点急いで付け加えておこう。アルゼンチンは1982年にフォークランド諸島の帰属をめぐって、（アメリカなどの支援を受けた）イギリスと戦闘状態に入り、そして敗れた。通常、フォークランド紛争と呼ばれた戦争だが、イギリスとアルゼンチンは、大西洋でいわば一直線にたどり着ける関係だ。そこで、これからはいったん環大西洋に目を転じてみたい。そこでは、イギリス中心ではあるが、ヨーロッパの帝国主義と植民地の問題を検討しながら、独立問題や小国問題などにも着目し、東アジアや環太平洋への示唆を含めて考察を深めていきたいと思う。

第4章　ヨーロッパと帝国主義
──中東とアフリカにおける負の遺産

上：イギリス・オックスフォードのボート
下：イギリス・湖水地方の風景（筆者撮影）

09　イギリスと帝国主義——**大英帝国の負の遺産**

イギリスにとっては、フォークランド紛争が国家間戦争としては最後の戦争だったという言い方がなされることがあるが、1990年代に至るまで、イギリスにはまだ「内戦」が存在した。それは北アイルランド紛争である。1998年にブレア政権下での合意によりいったん解決したことになっているが、この問題はイギリスのEU離脱問題いかんでは、再燃しかねない面ももつ。再燃という点では、スコットランド独立問題も同じである。2014年の住民投票は僅差でスコットランドの独立は否定されたが（後述）、独立運動は現在も続き、国際状況いかんでは再燃する可能性がある。

世界でいち早く産業革命を開始し、資本主義を推進し、同時に民主主義も発展させてきたイギリス。今日、世界の覇権はアメリカに取って代わられたが、19世紀を中心に近代世界はイギリスの時代であったといってよい。しかしながら、そこには負の遺産も数多くある。本節では、この問題を中心に考えてみたい。

前節では中南米を見てきたが、そこではスペインとアメリカの翳が特徴的であったと記した。中南米の主要国は、その多くがメキシコのように19世紀の早い段階でスペインからの独立を遂げたが、経済発展は思うように進んでいない。カリブ海諸国では、まだイギリスなどの植民地も残る（税金逃れのタックスヘイブンで著名になったイギリス系の島々がある）。アメリカを排除したCELAC（ラテンアメリカ・カリブ諸国共同体）の33か国も、すでに触れたように政治的発言は活発だが、またカリブ系のイギリス移民たちがレゲエ系の文化をはやらせ、カルチュラル・スタディーズを展開してイギリスにも多大な影響を与えたが、経済的にはその多くが苦境にある。それはなぜなのだろうか。

アメリカの社会学者・歴史学者であるウォーラーステインは、『近代世界システム』という著作において、世界を中心（先進国）、半周辺（発展途上地域）、周辺（未発展地域）からなるシステムとして捉えることを提唱した。世界システム論である（山田 2012）。いうまでもなく、「中心」は欧米であり、「周辺」とは中南米の一部やアフリカの多くの国だということができよう。こうした見方は、今日ではもはや常識に属するが、意外にもこの見方は南からの視線に着目するという面ももつ。すなわち、「中心」は北半球にあり、「周辺」は多くが南半球にある。資本主義のグローバル化と重ね合わせると、次のことが言えよう。北半球は「資本家（階級）」的な位置にあり、南半球は「労働者（階級）」的な位置にあって搾取されている構図がある、と。その意味で、1970年代にA. G. フランクが著した著書の原題『ルンペン・ブルジョワジーとルンペン的発展』は刺激的だ。ブルジョワジーとは資本家のこと、そしてルンペンとは一般に貧しい労働者を指すが、南米やアフリカなどでは産業が興っても、それは北の資本家に役立つ下請け的な労働者的地位にとどまる。要するに、豊かな「北」による貧しい「南」の支配、といった構図がここに読み取れるのである。この点を「南」からみると、それは南の「従属」を意味する。こうした考え方が「従属理論」と称される理由である。事実、南から北への国際的な労働力移動が現在も見られる。ヨーロッパにおける移民と難民、北米の不法移民、さらに日本における日系南米人などを思い起こすと分かりやすいだろう。もちろん、日本を例に考えると、日本の「南」、たとえばフィリピンやベトナムからの介護労働力をも含む国際労働力移動なども際立つ。「南」とは南半球だけを指すだけでなく、「南」的な従属的な状態を指すのである。

それは経済面だけではない。学問においても同様の面がある。オーストラリアの社会学者R. コンネルは、「ヨーロッパ中心的な思考の枠組み」を批判し、「グローバルな知識社会学」の必要性を強調する。面白い例がある。社会学では、調査対象者を増やすのに、その対象者の知り合いやその知り合いの知り合いなどへと次々に対象者を広げていく雪だるま式のサンプリングのやり方、つまり「スノーボール・サンプリング」という手法がある。しかし、南スーダンの学生には、スノーボール（雪だるま）という言葉に実感がない。雪が降らない地域だからだ。これは明らかに北の言葉だ。アフリカでこれに対応する言葉は「牛ふん転がし」である*。

私たちには、「南」からの発想が少ないのかもしれない。あるいは、現状の自明な「従属」に慣れすぎているのかもしれない。そうした世界を作り上げてきたのは、言うまでもなくイギリスを中心とする欧米の「帝国主義」であった。かつてはスペインが、次にイギリスが、そして現在はアメリカがその代表的な「帝国

---

* コンネルおよび「牛ふん転がし」の話は、次の文献に記されている。西原・芝編訳 2016『国際社会学の射程』。

主義」の国ぐにだ。

だが、帝国主義とは何か。一般的定義として『広辞苑』(第7版)を紐解くと、「帝国主義」とは、①「軍事上・経済上、他国または後進の民族を征服して大国家を建設しようとする傾向」、および②「狭義には、19世紀末にはじまった資本主義の独占段階。レーニンの規定によれば、独占体と金融寡頭制の形成、資本の輸出、国際カルテルによる世界の分割、列強による領土分割を特徴とする」とある。本書でもほぼこれに対応する使用法をとる*。

さて、話が少し拡がったが、イギリスを語るには不可欠な点であったので、少々言葉を費やした。筆者自身はマンチェスターで暮らした経験もあり、イギリスの緑あふれる郊外やゆったり流れる小川、そして穏やかな丘が続くコッツウォルズや清らかな水と小高い山が織りなす湖水地方の風景などの「自然の豊かさ」が大好きである。だが、この「大好き」という感情には少しアンビバレント(両義的)な面がある。イギリスで発展したとされる民主主義もそうだが、こうしたイギリスの「豊かさ」は、何によってもたらされたのであろうか。

イギリスはそもそも多民族社会といえるような歴史をもつ。先住民はケルト人とされるが、1世紀にはローマ人が侵攻し、5世紀にはアングロ・サクソン人が、8世紀にはデーン人(バイキング)も侵攻してきた。9世紀にイングランド王国が成立するが、11世紀にはフランスからのノルマン人がイングランドを征服し、14-15世紀には英仏の100年戦争が続いた。そして、16世紀にイギリス近代史が始まるのである。国教会を背景にイギリス(イングランド)はまず、16世紀にウェールズを支配下に置き、17世紀初頭にはスコットランドを併合、さらに19世紀の最初にアイルランドも併合した。そして1837年ヴィクトリア女王が即位

---

* ただし、アントニオ・ネグリらの〈帝国〉論も興味深い。彼は、グローバリズムの進展に伴い国民国家を超えて出現した新しい権力の様相について論じ、世界大に拡がった資本主義体制を批判する。つまりグローバル化と情報社会化の状況を、米国の一極集中による支配体制と見なすのではなく、その様相がむしろ多数の国民国家、多国籍企業、国際経済組織によって構成される、中心となる支配的権力が見えない権力のネットワークと見なし、それを〈帝国〉と表現し批判するのである。なお、それに対抗するのは、世界規模の情報ツールも活用できる「マルチチュード」(国際移動もおこなう多数派の庶民)だとネグリらは述べている。ハート & ネグリ 2003『〈帝国〉』を参照。こうした点の簡潔な解説は、西原 2010『間主観性の社会学理論』にも記されている。

し、1901年まで60年以上も在位する。この時期が「世界の工場」と称されるようなイギリス資本主義の繁栄期であると同時に、53の植民地をもつようになる大英帝国／帝国主義のピークである。

しかし、1921年にはアイルランドがイギリスから独立する。ただし、北アイルランドは、イギリスに残った。それゆえ、イギリスの正式名称は、「グレートブリテンおよび北アイルランド連合王国」(The UK: The United Kingdom of Great Britain and Northern Ireland)である。イギリスでは、(The) UKという表現が一般的であり、イングランドは通常、スコットランド、ウェールズなどと並ぶ名称にすぎない。そこで、国民の意識のなかには、上述の歴史的経緯もあり、連合王国を形成する4つの地域がそれぞれ一種の「国」として存在してもいる。ラグビーやサッカーの国際試合にそれぞれの「国」のチームが参加することが多いことから、この点は了解できるであろう。ただし、プロテスタント系の住民が多かった北アイルランドは、連合王国UKの一員となったが、反対するカトリック系の人びとは1970-90年代にイギリス本土へのロケット弾の爆弾攻撃も交えた闘争を繰り広げた。1998年に和平が実現したが、今度はスコットランドの独立運動が活性化した。上述のように、この独立は住民投票では否決されたが(後述)、次に生じた大きな出来事がイギリスのEU離脱という問題であった。この問題は、ヨーロッパ全体、および旧大英帝国の関係国にも関連するので、節をあらためて論じてみたい。

10　EUとBrexitの問題——独立問題とも絡めて

2016年、イギリスの国民投票で、ヨーロッパ連合(EU)離脱派が51.9%の得票を得て、イギリスのEU離脱という方向性が決まった。BritishがEUを出ていく(exit)ので、Brexitという合成語ができた。とはいえ、この選挙結果を後悔(regret)して再投票を希望する党派もあった。そして、Bregretという言葉も生まれた。このように、イギリスのEU離脱問題は、さまざまな混乱を引き起こしている。

一般に、EU離脱派がEU残留派に勝った理由は、イギリスに押し寄せる移民や難民の問題に絡んで、仕事が奪われるとか福祉や医療のための税金が国民以外に使われるとか、EUからの難民受け入れに関する「押し付け」で自由や主権が脅かされているとかいったネガティブな国民感情が高まったからだと言われている。しかしその根底には、筆者はイギリス人が抱く「大英帝国の誇り」と「英国は欧州にあらず」といった意識があるのではないかと推測している。かつて、イギリスは世界の中心であった。そして、筆者も実際、イギリス人との私的な会話のなかで何回か聞いたことがあるが、イギリス人はヨーロッパ大陸の人びとを指して「かれらヨーロッパ人は」と言う。つまり、イギリス人はヨーロッパ人ではなく、あくまでもイギリス人なのだ。それゆえ、イギリスはEUの前身ECにも1970年代になって――経済停滞を回避すべく――遅れて加盟したのだった。イギリスはそもそも、EUとは距離を保っていたわけだ。そしてそうした「誇り」は高齢の有権者に多い考え方であると思われる。若者は、すでに物心ついたときからEUが存在し、いわゆるエラスムス制度（EU内で大学を移動して自由に単位を取得できる制度）などでEUの人びとと自由に交流できていた*。国民投票前の選挙予測でも「まさか離脱はない」とされていたので、残留派の若者は選挙に行くまでもないと考え、投票所に行かなかった者も多いと言われる。残留派の多いとされる若者の低投票率が、選挙結果に影響を与えた。ただし、独立問題を抱えるスコットランドや、ヨーロッパ大陸と日々交流・交渉している金融街を含めたロンドンの人びとは、残留派が多かったのだ。

先も触れたが、戦争の悲劇を回避してヨーロッパに平和を実現すべく、第1次世界大戦後のグーデンホーフ・カレルギーの「パンヨーロッパ」宣言から70年後、第2次世界大戦後の欧州石炭鉄鋼共同体（ECSC：1951年設立）から約40年後、1958年の欧州経済共同体（EEC）や1967年の欧州共同体（EC）を経つつ長い時間をかけて作り上げてきたEUの枠組みが、いま大きく変容するかもしれない段階に来ていると言われている。ただし、筆者自身は、仮にイギリスが離脱しても当面EU自体には極端に大きな変化はないだろうと考えている。EUは、EU議会をもち、大統領も選出され、銀行や裁判所などを擁している**。平和を希求す

---

* 筆者がオーストリアのインスブルック大学で授業を担当したときも、フィンランドやスペインも含めて、EUのさまざまな国からきた学生が受講していた。

** EUの歴史と組織に関しては、中村2015『EUとは何か』がわかりやすい。

るドイツやフランスが中心となっている現在のかたちはそう簡単には崩れないだろうし、崩れるべきではないだろう。それは、ドイツにおけるナチズム問題（排外主義的なユダヤ人虐殺問題）やフランスにおける共和制の伝統と、かつての帝国主義的支配への一定の反省などが、この地域統合体には絡み合っているからだ。むしろ、筆者からみれば、そのような地域統合体にとって重要なことは、その域内にあっていかに自治や自己決定権を保証していくかという点にあるように思われる。

その点では、イギリスからの分離・独立を目指したスコットランドの住民の試みに着目できる。スコットランドは20世紀末のブレア首相時代にスコットランド議会の設置など大幅な自治が認められた。議会では、スコットランド国民党（民族党とも訳される：Scottland National Party=SNP）が過半数を占め、2014年9月18日に住民投票（有権者16歳以上）がおこなわれた。投票率は84.6%で、投票結果は独立賛成44.7%（約162万人）、独立反対55.3%（約200万人）で独立は否決された。投票10日前のSunday Timesの世論調査では、賛成51%、反対49%だったので、この票差は意外性をもって受け止められたが、住民の複雑な心情を表しているのであろう。

スコットランドは、すでに述べたようにイングランドに併合された国であり、歴史的対立が存在した。さらに、政治経済のロンドン一極集中への批判と格差の解消という願いもあり、ある意味で反資本主義的であって、北欧型福祉国家を目指す人びとも多いと言われている。また核問題も存在し、スコットランドのクライド海軍基地に原子力潜水艦が配備されていることに反対する団体も活発に運動を展開している。そしてEUとの関係を重視し、SNPはEUとの関係強化を望んでいる。それゆえ、イギリスのEU離脱はスコットランドの人びとの望むところではない。スコットランドの北海油田に関しても、その利権をもつイギリス政府に不満が蓄積していることも独立重視、EU重視と重なるであろう。強い自己決定権をもつ独立が、こうした課題を乗り越えて、スコットランドの自治をより拡大にするであろうと考える人は少なくない。

こうした自立への動きは、スコットランドだけではない。ウェールズでは道路の表示や駅名の表示は、英語とウェールズ語の2か国語で表記されている。さらにBrexitの進展によっては、北アイルランドの分離独立運動も活性化する可能性がある。もちろん、イギリスだけではない。EU域内でも、ベルギー、イタリア、スペインなどでもその内部に独立問題を抱えている。ここではスペインの2つの地域を取り上げてみよう。

まずは、カタルーニャである。カタルーニャはかつては独立王国であったが、15世紀以来、スペインの支配下に置かれ、18世紀の初頭にはカタルーニャ語の使用が公式の場では禁じられるなど、日本と琉球／沖縄の関係と似たような状況に置かれていた。その後の19世紀の半ばにはカタルーニャ地方は「スペインの工場」といわれるまでに発展し、現在は工業が発達した地域として知られるようになった。そして1979年にカタルーニャ自治憲章が認められて自治州となった。その延長線上で、直近では2017年10月に独立を問う住民投票が実施されて、投票率4割ながらも独立賛成が9割となった。だが、スペイン中央政府は投票そのものを認めず、指導者層に逮捕状も出て、この独立運動は成功しなかった。しかし、現在も州議会では独立派が多数を占めており、今後の成り行きが注目されている。

もう1つはバスク地方である。これまでにも南米の項目で言及したが、そこはスペインとフランスにまたがってバスク語を使用する約300万のバスク人が居住する地域である。とくに19世紀後半から20世紀前半までの約100年間で、アルゼンチンの大統領22名中の10名がバスク出身だと言われている。バスク地方で特徴的なのは、独立運動というよりも、世界に四散したバスクの人びと（バスク・ディアスポラ）が1995年以来、4年ごとに「世界バスク系コミュニティ会議」を開催していることであろう。独立も視野に入れつつ、こうしたディアスポラの再集合は、沖縄の「世界ウチナーンチュ大会」と同様に、トランスナショナルなネットワーク形成として大変興味深い*。

こうしたヨーロッパにおける独立運動は、EUという上位の地域統合体があるおかげで、その内部の自治を高める動きとしても了解できる。仮に小さな地域が独立しても、EUにとどまることで、政治経済的にも一定の社会的安定が確保

---

* 日本でバスク人に関する文献として、萩尾2016の「在外バスク系同胞の過去・現在・未来——世界に広がるウチナーンチュとの比較研究を念頭に」がある。この論文を含む沖縄とバスクに関する研究雑誌として琉球大学の『移民研究』第12号（2016年、沖縄移民研究センター刊）があるので、参照願いたい。

できるからである。その意味では、ヨーロッパにある「小国」にも大いに着目できる。

人口が1000人にも満たない世界最小国バチカンは歴史的・宗教的背景があるので別としても、ヨーロッパには、人口3万人のサンマリノ共和国や4万人のモナコ公国やリヒテンシュタイン公国、さらに人口8万人のアンドラ公国などがある。もう少し人口が多い国としては、30-50万人の範囲には、アイスランド共和国やマルタ共和国、そしてルクセンブルク大公国がある。とくにルクセンブルクはたいへん興味深い。人口は約50万だが、国土面積は沖縄程度で、一人当たりのGDPは常に世界のトップクラス、しかも外国人居住率も4割を超える多文化社会でもある。金融や通信の拠点でもあり、ヨーロッパにおいて不可欠な地位を占めているが、なかでもルクセンブルク大学の若者たちはルクセンブルク語に加えて、英語、仏語、独語などを話すマルチリンガルであって、卒業生は多言語のEUにとって非常に貴重な存在となっている。ちなみに、人口3万人のリヒテンシュタインも19世紀の初めに独立国となり、1867年には「非武装永世中立国」となって、1990年に国連に加盟している。永世中立国という点では、隣のスイスがよく知られているが、スイスは2002年になってようやく国民投票で国連加盟を決定したが、EUには未加入である。中立を守るという志向性が国民にあって、EUのような統合体には加わらずに、二国間協定で政治経済的な対応をおこなっているのである*。

こうしたヨーロッパに、2015年から2016年にかけて、アフリカや中東から大量の難民が押し寄せていたことは記憶に新しい。この難民問題が、Brexitにも影響を与えたことはすでに触れたが、同時にヨーロッパの多文化社会にも大きな影響を与えた。2011年にノルウェイでは移民反対を唱える青年による銃乱射事

---

* EU設立前・設立後の加盟国は以下の通り。いわゆる原加盟国（1951）がフランス・ドイツ（加盟時西ドイツ）・イタリア・ベルギー・オランダ・ルクセンブルクの6か国で、その後1973年にイギリス・アイルランド・デンマーク、1981年にギリシャ、1986年にスペイン・ポルトガル、1995年にオーストリア・フィンランド・スウェーデン、2004年にキプロス、チェコ、エストニア、ハンガリー、ラトビア、リトアニア、マルタ、ポーランド、スロバキア、スロベニア、2007年にブルガリア、ルーマニア、そして2013年にクロアチアが加盟した（外務省のホームページなどを参照されたい）。

件(77名死亡)があり、さらに2015年1月にはパリの新聞社にイスラムのテロリストが乱入して12人が殺害され(シャルリー・エブド襲撃事件)、同年の11月には、フランスのパリ市街と郊外で「イスラム国」の戦闘員と見られるグループによる同時多発的な銃撃と爆発があって130名が死亡するという痛ましい事件も起こった(パリ同時多発テロ事件)。無差別のテロリズムは決して認容できるものではないが、こうした一連の流れのなかで、ヨーロッパ各地に極右と呼ばれる勢力が確実に台頭し、エスニシティを超えた多文化社会や地域統合に逆行するかたちで、自国中心主義のみならず、民族主義的な傾向が強まっていることは確かである。

しかしながら、2019年6月のEU議会選挙の結果をみる限り、ヨーロッパで最大30%近い支持を得ていると言われてきた極右が15%程度の得票率にとどまったので、今後、大幅に票を伸ばすことはないのかもしれない。そうした段階で、いまあらためて、なぜ移民や難民という越境者が生まれ、ヨーロッパに殺到したのかに関する歴史的・現在的な背景やメカニズムこそ明らかにして、今後の社会のあり方を考えるべき段階に来ているのではないだろうか。

そこで次に、ヨーロッパの帝国主義との関係で、移民・難民の送出地である中東やアフリカにも言及したいと思う。

11 帝国主義とイスラム問題——中東とアフリカ

そもそも難民とはどういう人たちだろうか。難民問題を扱う国連の組織としては、1950年に設立された国連難民高等弁務官事務所(UNHCR：The United Nations High Commissioner for Refugees)がある。第8代の国連難民高等弁務官(1990-2000年)を務めたのは日本の緒方貞子氏であった。1951年の「難民の地位に関する条約」の第1条に「難民」の定義が記されている。すなわち、難民とは「人種、宗教、国籍もしくは特定の社会的集団の構成員であることまたは政治的意見を理由に迫害を受けるおそれがあるという十分に理由のある恐怖を有するために、国籍国の外にいる者であって、その国籍国の保護を受けることができない者またはそのような恐怖を有するためにその国籍国の保護を受けることを望まない者」といった具合に定義される*。日本がこの難民条約を批准したのは1981年になってからである。

さて、難民を送り出したのは、2016年ではシリアとアフガニスタン、そして南スーダンで全難民数の過半数を超える。いずれも内戦が生じていた国だ。受け入れたのはトルコが最大であるが——トルコは難民の通過地でもあったが——、パキスタンやレバノンなどの送出国の近隣地域の他では、ヨーロッパのドイツが際立っている。

ドイツは、ナチス・ドイツ時代にユダヤ人をはじめとして他民族を迫害した歴史がある。戦後はその反省から出発した。移民に関して言えば、ドイツはかつて移民の送出国だったが、1950年代からは外国人労働者を必要とするようになり、トルコなどからGust Arbeiter（=guest worker：ゲストワーカー）と呼ばれる人びとが多数ドイツに来た。しかし、一定期間経ても帰国せずに、ドイツにとどまる者も多かった。さらに1990年前後の東欧・ソ連の崩壊時に東西の統一を成し遂げたドイツは、新外国人法を制定して旧東ドイツや東欧の人びと、そして難民を積極的に受け入れるようになった。かつての排外主義的な政策からの完全な転換である。国籍に関して言えば、ドイツは日本と同様に「血統主義」の伝統があった。国籍を決めるのは血筋＝血統だという考え方である。しかし、2000年に社会民主党と緑の党の連立政権下で、この血統主義は緩和された**。8年以上ドイツに滞在して労働に従事した家族には、国籍を付与する方向に舵を切ったのである。

このようにドイツは——そしてとくに2005年に首相となった東ドイツ出身の

---

* この難民条約の全文は、薬師寺ほか編2019『ベーシック条約集』で読むことができる。この条約集は、たとえば日米安保条約ほか、さまざまな条約が掲載されており、非常に便利である。

** 佐藤2008『ナショナル・アイデンティティと領土』参照。なお、この点との対比でいえば、共和主義的な人権擁護の伝統をもつフランスの生地主義（出生地主義とも表現される）とは対照的であった。生地主義とはアメリカもそうであるが、国内で生まれた子どもは、その国の国籍が取得可能となるという考え方だ。ただし、フランスではサルコジ大統領時代に、極右の国民戦線との兼ね合いもあって、生地主義を制限し、11歳以後5年間在住した者という国籍取得条件を付すようになった。トランプ大統領もアメリカの生地主義の制限を公言していた。

アンゲラ・メルケルは――過去の反省を踏まえて他者に寛容な政策を明確にとるようになった。そして100万を超える難民をも受け入れるようになったのである。

それにしても、なぜシリア難民やアフリカ難民が生じ、ヨーロッパに殺到したのだろうか。それを理解するためには、それまでの中東とアフリカの歴史を押さえておく必要がある。まず中東から簡潔にみておこう。

中東は現代の火薬庫のような場所だ。対立はしかし現代に始まったことではない。聖地エルサレムは、ユダヤ教、キリスト教、イスラム教の聖地である。エルサレムには、かつてそこにユダヤ教の宮殿があってユダ王国崩壊後は嘆きの壁として聖地化されているし、キリスト教にとってはゴルゴダの丘は十字架のイエスの聖地であり、イスラム教にとってはムハンマド（マホメット）が天に召された岩の宮殿がある。そもそもイスラム教は預言者ムハンマドがアラビア半島で7世紀初めに始めたもので、11～13世紀にはキリスト教の十字軍が中東に押し寄せて戦いを余儀なくされ、ピーク時にはイスラム教はスペインまで拡がっていた。そのイスラム勢力は15世紀末には「レコンキスタ」（国土回復運動）によってスペインから追い出されたが、最終的には、オスマン帝国として13世紀末から20世紀初頭（1299-1922）まで中東中心に大きな勢力を維持していた。

しかし第一次世界大戦時以後、オスマン帝国は、西洋の帝国主義国によって分断されてしまう。とくに当時まで栄華を誇っていた大英帝国は、しばしば「イギリスの三枚舌」といわれるような秘密協定などからなる約束を他国と水面下でおこなって、いわば今日の混乱のもとを作ったといってよい。まず、サイクス・ピコ協定として今日知られているイギリスとフランスの秘密協定がある。そこでは、パレスティナやイラクはイギリスが、シリアやレバノンはフランスが統治するという帝国主義国同士の秘密協定である。さらにイギリスは、アラブ人に対してはオスマン帝国を崩壊させればアラブ人国家を作るよと言いながら、ユダヤ人に対してはオスマン帝国を崩壊させればユダヤ人国家を作るよと言って、実際に第二次大戦後にイスラエルを建国させたのである。フランスなどを巻き込んだこの3枚舌が、アラブ人vsユダヤ人の対立という今日までの中東情勢のもととなっている。そしてさらに今日では、こうした対立に、現代帝国主義的なアメリカとロシアが深く関与しつつ、イスラムにおけるシーア派とスンニ派の対立も深刻化して、一層複雑化したのである*。

こうした状況のなかで、シリアでは、アサド政権と反アサド側の対立が先鋭化し内戦状態になった。さらに、これにイスラム国と称した勢力が絡んでいたのだが、その勢力は今日では衰退した。だが何よりも、この内戦によってたくさんの難民が生じたのである。ここで特筆すべきは、この内戦の構図は、シーア派系列でフランスがかかわる少数派のアサド政権側にロシアが、反アサド側にアメリカがついて支援している点で、まさにこの内戦は米ロの代理戦争の様相もある点だ。現代の帝国主義的なアメリカとロシアと書いたのは、こうした事情があるからだ。さらに、スンニ派のサウジアラビアが反アサド側を応援すると、シーア派のイランはアサド側につくなど、宗教的な争いも絡み合う。イエメンの内戦は完全にサウジアラビアとイランとの代理戦争となっている**。かつてのイギリスとフランス、そして現代のアメリカとロシア、これらの国の帝国的な立ち居振る舞いが、ユダヤ系とアラブ系の対立だけでなく、宗教上の対立をも巻き込んで混沌としているのは、こうした事情によるのである。

ここでもう1つ追記しておくべきだろう。国家をもたない最大の民族と称されるクルド人勢力もこうした対立に絡んできている点だ。およそ3000万人いるとされるクルド人は、イラクやトルコにかけて居住している。イスラム国との対立ではこのクルド人勢力を活用したアメリカは、イスラム国が衰退した時点でクルド人支援をやめる方向に動き、クルド人勢力から強い反発が起きている。

---

* シーア派は、預言者ムハンマドのいとこで娘婿のアリーとその子孫を指導者と見なし、血縁者がイスラム共同体の指導者（イマーム）となるべきだと考え、スンニ派は指導者の血統は問わず、最有力者を長（カリフ）とする立場で、イスラム教徒のうち全体ではスンニ派が約85%だと言われている。なお、イスラム過激派と称されるアルカイダもイスラム国（IS）もスンニ派である。なお、こうしたイスラムの事情に関しては、池上彰の解説が非常にわかりやすい。たとえば、池上2016『知らないと恥をかく世界の大問題7』が参考になる。

** イエメン内戦で生じた難民の一部は、韓国の済州島が受け入れた。かつて4・3事件という一種の内戦を経験した済州の人びとは、一度に500人規模でイエメン難民を受け入れたのである。済州の街中を歩くと中東系の人を見かけるのはこうした背景があったのだ。それにしても日本は難民をほとんど受け入れていない。積極的に受け入れようという姿勢すらも感じない。難民条約を批准してから、毎年一桁ないし二桁の前半しか受けれていない。ドイツが百万規模で受け入れたのと著しく対照的である。

このクルド系とトルコとの対立も際立つ。そして、そのトルコだが、かつてのオスマン・トルコ（オスマン帝国）は第一次大戦後に崩壊し、1924年には宗教とは距離を置いて近代化を目指す「世俗主義国家」・トルコ共和国を建国して、近年ではEU加盟も模索してきた。しかし、それがなかなか実現しないなかで、2014年に大統領になったエルドアンは、（再）イスラム化を推し進め、新オスマン主義（オスマン帝国復興）と称されるような政治スタンスをとっている。イランとサウジアラビアとの対立とともに、中東は現在も（北東アジアと並ぶ）火薬庫状態にあるということができる。

ただし、世界宗教としてのイスラム教は勢力全体としては、現在も、アフリカの北半分から東南アジアの一部に至るまで強い影響力をもっている。2014年に起こったナイジェリアのイスラム過激派と見られるボコ・ハラムによる拉致事件――276名の女子生徒が誘拐された――は衝撃的であった。さらに、1956年に独立したスーダンでも、ダルフール紛争と称される内戦が起こり、2003年の大きな衝突までに200万人を超える死者と100万人近い難民を生み出したとされている。この原因は、北部のイスラム教徒であるアラブ系住民と南部のキリスト教である黒人系住民との対立が根にある。2011年に南部の10州が南スーダンとなり、アフリカ54番目の国家として分離独立して国連193番目の加盟国となったが、それでも内戦がやまず、2015年には日本の自衛隊もPKO活動と称して――批判も多いが――現地で作戦展開したのであった。

一般的にいって、アフリカ諸国は、1960年代ごろの独立とその後の開発独裁の時期と、1990年ごろからの民主化の30年を経てきている。かつての奴隷貿易や南アフリカのアパルトヘイト政策に見られるような「あからさまな」差別はアフリカでは減少しつつあるとはいえ、依然として差別は存続し、人口増加と食糧不足は深刻化し、それに貧困問題が加わり、そしてAIDS/HIVの問題も生じた。1日1.9ドル以下で暮らす極度の貧困状態にアフリカの7億人がとどまっていると言われ、その多くがサブサハラ（サハラ砂漠以南の地域）にいるとされている。そうした状況が経済難民としての難民の送出を促すことになるが、今日では、グローバル化に伴う人材流失と中国のアフリカ進出という問題も着目されている。とくに人材流失は、医師を中心に一種の頭脳流失として深刻である。イギリスでは、医師も看護婦も、その20%前後がサブサハラからきているとか、シカゴのエチオピア人医師は本国の医師よりも多いとか言われるようになり、明らかに先進国での医療従事者の高給がプル要因となって頭脳流失が止まらない状況である*。

こうしたなかで、アフリカでもトランスナショナルな協力による地位向上を目指す地域統合が試みられてきた。1963年には、「アフリカ統一機構」が誕生し、2002年にはアフリカ連合（African Union: AU）と名称を変えて、モロッコを除く54か国が集っている。将来的にはEUをモデルとした地域統合体となる目標を掲げ、10億人を越す「アフリカ合衆国」を目指しているとされた。そして現在では、少しずつだが、新たな方向も見えてきている。2018年にGDPが6%を超えた国は世界で27あるが、そのうちアフリカが11か国である。この数値は2023年には14まで増えるとされている。さらに、驚くべきことは、サブサハラの人口は2030年代には、中国やインドも抜いて16億近くになると予測されており、この地域が今後大きく発展する可能性もある。とくに2018年には、「アフリカ大陸自由貿易協定」が結ばれ、多くの国が批准して動き出している。この「アジェンダ2063」と呼ばれるビジョンをもつ協定は、ちょうどアフリカ統一機構の成立から100年の節目となる2063年を意識して付けられた名前である**。

なお、アフリカに熱い視線を向けている中国は、2000年から3年ごとに「中国・アフリカ協力フォーラム」（FOCAC）を立ち上げて、積極的にアフリカに関与しようとしている。2018年には北京で7回目の会合があった。こうした動きに対抗すべく、日本政府もすでに1993年に立ち上がっていた「アフリカ開発会議」（Tokyo International Conference on African Development：TICAD）に本腰を入れてテコ入れし、やや不定期間隔ではあるが、2019年には横浜での第7回の会合（TICAD7）を開いたのである。

元来、部族社会で、かつ人びとの移動性も高く、国境という概念も定着していなかったゆえに、「近代国民国家」的な形態をとっていなかったアフリカの諸地域は、アフリカのほぼ東半分がイギリスによって、西半分がフランスによっ

---

* アフリカの様子の一端は、勝俣2013『新・現代アフリカ入門』が参考になる。また、人材流失に関しては、西原・樽本編2016『現代人の国際社会学・入門』を参照されたい。

** 2019年8月4日『読売新聞』朝刊の田中明彦「地球を読む」を参照。

て植民地にされ、これらの国によって機械的に国境が設定されて今日のアフリカ諸国家の原型ができ上がったのである。ここアフリカでもまた、西洋の帝国主義の影響が――公用語としての英語や仏語などの使用とともに――色濃く残っている。だが、西洋の旧帝国主義諸国において南のアフリカへの差別や搾取などに対する反省はなされているのか、あるいはその国家的な責任を十分に果たしているのだろうか。南米の項目で示した「南からの発想」と同時に、南北問題は、国連だけに解決を求めるような問題ではなく、西洋先進国の（責任の）問題でもある。さらにもう一言付け加えておこう。中国や日本のアフリカへの援助も、両国が対抗するのではなく、協力するかたちでできないものだろうか。国益優先の思想がそろそろ限界にきており、それを乗り越える発想が必要だということは、アフリカの現状を見ていても強く感じる点である。たとえば、国連のSDGsへの協力をテコにして[*]、共同歩調は取れなのであろうか。きわめて残念な事態である。

* SDGsに関しては、とりあえず西原 2018『トランスナショナリズム論序説』を参照していただければ幸いである。なお、近刊予定の拙著『社会と意識のイノベーション』でもSDGsに関して論じている。合わせて参照願いたい。

第5章　アジアにおける連携可能性
――平和と共生への実践

上：バングラデシュ・ダッカ郊外のスラムにて
下：ラオス・ビエンチャン郊外の農村地帯にて（筆者撮影）

12　帝国と南アジアとその周辺——多様性の共存へ

さて、大英帝国として栄華を誇ったイギリスは、インドや中国との貿易でも大きな富を得ていたことはよく知られている。たとえば、インドの綿花を安く仕入れてイギリスの工場で加工し、さらにインドのアヘンを中国に「輸出」してお茶などをイギリスが手にして、豊かな（国家内）社会を満喫していた。イギリスは民主主義を発展させたと言われているが、それはイギリス国内だけであって植民地に民主主義はない。あるのは、野蛮人に対するように一定の統治技術のもとで支配権力を駆使して搾取の限りを尽くすことではなかったか。「内では民主主義、外では植民地主義」というあり方は、現代のグローバル社会では通用しない考え方ではないだろうか。そして、こうした植民地支配に抵抗する 1 つのすべは、旧植民地が共同して横に繋がって新たな地域統合体を形成し、下からの変革を目指すことであろう。ここでは、南アジアを中心に、部分的に中央アジアにも言及して、多様な宗教的背景をもつ地域における、共生のかたちを考えてみたい。

そもそもインドは、仏教の発祥の地でもあり、ヒンドゥー教も大きな力をもった。しかし、西洋近代に対応する時期には、ムガル帝国（1526-1858）と称されるイスラム系の帝国が 19 世紀半ば過ぎまで存在し、イスラム教も南アジアに大きな影響を与えた。と同時に、ヨーロッパの諸帝国も進出を試み、最終的にイギリスが南アジアで支配権を確立しつつあった。しかしイギリスの東インド会社のインド人傭兵が 1857 年に反乱を起こしてイギリスに対抗しようとした。だがそれは失敗し、逆にそれ以後、イギリスの直接統治が始まることになったのである。しかし第一次世界大戦後は、非暴力・不服従で自治の拡大、独立の実現に努めたガンジーらの活躍で、多民族・多宗教の国として独立国家を目指し大いに着目されるようになった。

だが、第二次世界大戦後の 1947 年には、ヒンドゥー教を主とするインドと、イスラム教を主とするパキスタンに分かれ、さらに 1948 年には仏教を主とするセイロンがイギリスから独立する（1972 年にスリランカと改称）。なお、インドを挟んで東西に分かれて存在したパキスタンは、1971 年に東パキスタンがバングラデシュとして分離独立した。この間に、バングラデシュ独立問題も含めて、インドとパキスタンは都合3回大きな戦火を交えることとなった（印パ戦争）。その原因の1つにカシミール地方の帰属問題があり、現在もその火種は残っている。さらに1998年には、インドもパキスタンも核実験をおこない、核保有国となっている。

とはいえ、東アジアでは地域協力のかたちも追求されてきており、1985年にはSAARC（South Asian Association for Regional Cooperation: 南アジア地域協力連合）が成立し、アフガニスタン、インド、パキスタン、バングラデシュ、スリランカ、ネパール、ブータン、モルディブの8か国が加盟している。宗教も言語も多様であるこのリージョナルな連合は、地域協力を目標としているが、もちろんいろいろな問題も抱えている。たとえば、ネパールやバングラデシュやスリランカでは、海外出稼ぎの率も高く、国外からの送金が対GDP比で1割から3割近くまで占めている。中東や北東アジアへのトランスナショナルな出稼ぎを主とする移民・越境者の存在は、この地域の特色の1つだといえよう（西原・樽本編 2016）。さらに、バングラデシュにおける小口融資（マイクロクレジット）で農村女性たちを自立させようと努めてきたグラミン銀行のような試みや、ネパールに顕著だが社会主義を志向する政党（毛沢東派を中心とするネパール共産党など）が一時政権を担うこともあり、さまざまな努力がなされながらも、この地域は東南アジアのようなまとまりを示すところまではいっていない。アフガニスタンの内戦もこのまとまりにはマイナスに働いている。さらにインドは今日、新自由主義的な政策を掲げて積極的にグローバル戦略を展開しようとしているが、まだ十分な成果は見えないというべきだろう。バングラデシュにおける農村部の貧困や、都市部での大きなスラムの存在、その両方においていまだに裸足で動き回り、時にゴミをあさる子どもや若者の存在を筆者は目の当たりにして、アジアの貧困を実感せざるを得なかった。なぜ、こうした世界大の格差の拡大が現在見られるのであろうか。世界の1%の富裕層の資産が世界の下位半分のそれに相応すると言われる格差社会は、自国中心主義的な国家単位の（相互協力を伴わない）いびつな経済システムにも一因があるだろう。

この点に関連して、「ソ連」の歴史もまた自国中心的であった。1917年にレーニンを指導者としてロシア革命を成し遂げて、1922年にソ連＝ソビエト社会主義共和国連邦を発足させ、レーニン死後の翌1925年には第14回共産党大会で「一国社会主義」の路線をソ連はとることになった。政敵を追放し（すでに触れたトロツキーはスターリンによって1920年代に追放された）、一党独裁制を認容し、五か年計画というノルマ重視の計画経済政策を導入して（1928年スタート）、農業の集団化も開始した。だが、それはあくまでも「ソ連」という一国の国家中心の施策であった。それはまたスターリンという独裁者の個人的問題に由来するだけではない。スターリンは1953年に死去し、その後の1956年にスターリン批判が起こるが、それを機に独自な社会主義を求めたハンガリーの改革も、その後に人間の顔をした社会主義を目指したチェコスロバキアの改革も、ソ連軍の介入で挫折せざるを得なかった。そしてソ連は、1979年にはアフガニスタンにも侵攻し、アフガン内戦の1つの要因にもなった。こうした社会帝国主義（社会主義を標榜しながら、自国の発展のみを第一に考えて領土拡張さえ辞さない帝国的な考え）とも言えるような国家のあり方は、現代世界そして未来社会では再考を余儀なくされるべきである。

世界的なテロリストと称されてきた、サウジアラビア出身のイスラム教徒オサマ・ビン・ラディンの生涯は、こうした国家のあり方を考える意味で興味深い論点を示してくれる。上述の1979年のソ連のアフガニスタン侵攻後に、アメリカはアフガニスタンの隣国の親米国家パキスタンに武器提供し、アフガニスタンはさながら米ソ代理戦争の様相を呈した。そして、パキスタンのイスラム原理主義者と呼ばれる人びとは、イスラムの神学校でタリバン（＝学生）を育成することに力を注ぎ、そこでオサマ・ビン・ラディンも（アメリカの支援を受けて）活躍し、ソ連相手に銃をとって戦ったのである。1989年には、ソ連はアフガニスタンから撤退したので、彼もいったんサウジアラビアに戻るが、今度はアメリカと強く結びつくサウジアラビアに反発して、再びアフガニスタンに赴き、アルカイダ（＝基地）を建設して、最終的に2001年の9.11テロに繋がっていく。そのテロで、アメリカはイラク戦争に乗り出し*、アフガニスタンにも軍を

* イラクがアルカイダと結びついて、さらに大量破壊兵器や生物兵器などをもっているというのが、イラク戦争の理由だが、そのいずれも今日では否定されている。イラク戦争のおかげで、イラクの統治機構は混乱し、イスラム国の出現や自爆テロの横行を招いたとすれば、それもまた大国・帝国の論理による悲惨さの生起だと言わざるを得ない。

送って深く関与し、2011年にアメリカ軍がオサマ・ビン・ラディンを見つけ出して殺害した。

こうして、すでに行間から明らかだと思われるが、ソ連の場合も、大国としての自国中心主義が際立ち、たとえ1950年から60年代にかけて、人工衛星や人間衛星の打ち上げで科学技術的に先行していたとしても、早晩行き詰まりを見せることは必然であっただろう。1985年、ゴルバチョフがソ連共産党の書記長となり、翌年のチェルノブイリ原発事故を機にグラスノスチ（情報公開）を推し進め、さらに1987年には共産党の中央委員会でペレストロイカ（改革）を政策として決定し、共産党の一党独裁を放棄し、選挙による大統領制を導入して、ソ連は1991年に解体した。15の共和国からなっていた旧ソ連は、崩壊後に独立し、とくに中央アジアでは、カザフスタン、ウズベキスタン、トルクメニスタン、タジキスタン、そしてキルギスの5か国が1つのまとまりを見せている。共通点は、かつてのシルクロードにかかわる地域であり、旧ソ連の構成国であり、かつイスラム教徒の国ぐにであるといった点である。さらに社会主義下で、民間セクターは十分に育っておらず、豊富だと考えられている地下資源の開発もあまりなされていないというネガティブな共通性もある。

そこに現在のロシアが、そして東隣の中国が、中央アジアを取り込もうと試みる理由がある。中国の「一帯一路」構想は、まさにこのことをも射程に入れた施策である。一帯一路（Yídài yílù : 英語では、One Belt, One Road Initiative: OBORと呼ばれている）構想とは、習近平総書記が、2014年11月に北京で開催された太平洋経済協力首脳会議で提唱した経済圏構想であり、正式名「シルクロード経済ベルトと21世紀海洋シルクロード」が示すように、主に陸のシルクロードと海のシルクロードからなり、その関連地域に中国が積極的に経済支援（借款）をおこなっていこうとするものである。南アジアとの関係で言えば、スリランカは中国の借款の返済ができないほどに追い詰められ、また2018年11月に起こった事件だが、パキスタンでは何者かが中国総領事館を襲撃し、「我々の故郷を搾取し、軍事利用をもくろむ中国は即座に撤退せよ」との声明を出したといわれている*。

---

* 出典は、2018年11月24日付「朝日新聞」朝刊の記事で「一帯一路に反対」という見出しが付されている。

かくして、南アジアも、中央アジアもまた、イギリス、ソ連、中国といった大国に翻弄されてきた／されている地域である。その地域からSAARCのような地域協力連合が活性化していくことが可能なのかは、もうしばらく——人口で中国を抜くと予測されているインドの発展とともに——目が離せない地域であることは間違いない。一方、地域統合という点では、東南アジアが明らかに先行している。次節では、その点を検討しておきたい。

13　ASEAN諸国の現在——地域統合体の可能性

ASEAN（東南アジア諸国連合：Association of South-East Asian Nations：アセアン）は、1968年に、タイ、インドネシア、シンガポール、フィリピン、マレーシアの5か国でスタートした。1984年にブルネイが加盟したのを皮切りに、ベトナム、ミャンマー、ラオスが加盟し、1999年にカンボジアも加盟して、現在10か国になった（なお、オブザーバー国としてパプアニューギニアと東ティモールがあり、加盟を目指している）。ASEAN人口は6億人を越し、5億人のEUを凌ぐ。国家としてみた場合、ASEANは世界第7位の経済力になる。2008年にはASEAN憲章が発効し、2015年にはASEAN経済共同体が設立され、2017年にはASEAN設立50周年が祝われた。なお、ASEANの本部はジャカルタにある。日本を含め、多くの国がASEAN大使を任命し常駐させている。

ASEANには、基本的にキリスト教国が集まったEUとは異なり、多様な宗教が存在する。簡潔に述べれば、イスラム教（インドネシア、マレーシア、ブルネイ）や仏教（タイ、カンボジア、ミャンマー、ラオス）やキリスト教（フィリピン）がある。しかも、シンガポールでは仏教・キリスト教・イスラム教・ヒンドゥー教・道教などが共存する（ベトナムも土着の宗教を含めて多様である）。さらに、政治体制も多様である。多くは共和制であるが、社会主義的な政体をとるのがベトナムとラオス、立憲君主制をとるのがタイやカンボジアやマレーシア（ただしマレーシアは連邦内の選挙王制）である。東南アジアを歩くと、仏教、ヒンドゥー教、キリスト教などに加えて、儒教、道教（媽祖信仰）、さらにさまざまな民間宗教に気づく。ASEANでは言語の多様性とともに、宗教の多様性にも驚く。ASEANはある意味で多様性のなかの「統合」を実現しようとしている。

さらにもう1つ筆者が着目しているのは、大メコン圏（The Greater Mekong Subregion：GMS）構想だ。これは、メコン川流域のタイ、ベトナム、カンボジア、ラオス、ミャンマー、さらに中国の雲南省を加えた地域を基幹道路で繋ぐメコン回廊と呼ばれる道路網である。東北回廊、東西回廊、南部回廊、昆明－ハノイ回廊などで東南アジアの大陸部を縦横に繋ぐトランスナショナルな交流回路の形成である。物だけでなく人の交流の回路にもなる。ドーバー海峡がユーロトンネルによって繋がったように、今後、海も射程に入れて回廊・道路を構想することによって、交流の可能性は広がるであろう。シンガポールとインドネシア、さらには朝鮮半島と日本が道路で繋がるといった夢の実現は、たいへん興味深いはずだ。

もう1つ興味深い可能性は、ASEANを1つの核にして、東アジアや環太平洋が交流する連携の道も見えてくることだ。ASEAN＋3（日中韓）で人口は20億人を越すし、さらにインドを加えたASEAN＋3＋1では、35億人ほどになる。世界の人口の約半分である。現在は、ASEAN＋3＋3（インド、オーストラリア、ニュージーランド）の枠組みが東アジアサミットとして動いている。

この枠組みを経済連携として展開しようとするのが、RCEP（Regional Comprehensive Economic Partnership：アールセップ）で、日本では「東アジア地域包括的経済連携」と訳されている。ここにはアメリカが加わっていない。それゆえ、さらにRCEPにAPECを接続してアジア太平洋へと拡げていこうとする動きもある。APEC（Asia-Pacific Economic Cooperation：アジア太平洋経済協力［機構］）とは、1989年に発足し、現在は21か国が加わる非公式のフォーラムであるが、太平洋に面するASEANの多くの国とカナダ、アメリカ、メキシコ、ペルー、チリ、ニュージーランド、オーストラリア、さらには日本、韓国、中国、台湾、香港、ロシアなどが加わっている（本書08も参照）。TPP（環太平洋パートナーシップ協定）からトランプのアメリカが離脱した現在、APECは再び着目されているのが現状だ。こうしたRCEPとAPECのトランスナショナルでリージョナルな連携は大いに注目できると思われる＊。

さて、そのような全体の動きのなかで、国民国家単位でASEANの国ぐにの一部を見ておきたい。とくにここでは、日本との関係を視野に入れてみてみたい。そのような限定のもとでは、まず人気の観光地が多く、日本人観光客も訪れるタイやマレーシア、そして東南アジアで唯一G20（世界の20か国からなる主要国首脳会議）に加わっているインドネシアに言及する必要がある。

日本とタイは、山田長政がタイで活躍し、現在アユタヤには日本人町が整備されて資料館もあるといったように、古くからの交流がある。仏教国で、王室を抱き、植民地化されなかったという日本との共通点もある。プミポン元国王の人気は高く、街のビルのガラス窓全体に国王の肖像が映し出されたり、各家庭に王室の写真が飾られたりしている。そしてもちろん、首都バンコク郊外には日系企業も多く存在している。

また、マレーシアは、かつてマハティール首相が"Look East"を表明して日本に学ぼうという姿勢を見せて、日本と良好な関係を維持しているといえる。とはいえ、1941年12月8日（日本時間）のハワイの真珠湾攻撃よりも1時間ほど早くマレー半島のコタバルに上陸して戦争を始めていることは意外と知られていない。マレー作戦と呼ばれたこの戦いは、日本が真珠湾攻撃をおこなって太平洋戦争が始まったというよりは、まず中国を対象とする戦い（日中戦争など）が最初にあり、そしてマレーおよび真珠湾への攻撃を始めることで、「太平洋戦争」ではなく「アジア太平洋戦争」が始まったという点に、留意が必要だ。それは、満州事変や日中戦争を含む帝国日本の「十五年戦争」の主要な一場面を形成する。

＊ しかしながら、日本政府の動きはこうした連携とはかなり異なる。安倍首相になってから、日本政府は「自由で開かれたインド太平洋」構想（Free and Open Indo-Pacific Strategy：FOIPS）を展開する。それは、安全や自由のための「ダイヤモンド」とも形容されるが、要するに、日本とインドとオーストラリアとアメリカを繋ぐダイヤモンド状の連携を構想している。インド洋の連携（南アジアだけでなくケニアなどのアフリカのインド洋側も含む）と太平洋の連携（とくにハワイ：米軍基地がある）をASEANの連携と重ね合わせるかたちでも示される。逆にいえば、これは北東アジアの連携をまったく構想していないように見える。というよりも、明らかに一種の中国包囲網を作り上げ、新たな冷戦構造を積極的に作り上げるようにさえ思われる。安倍首相は積極平和主義を唱えるが、これが本当に平和に繋がるのかは、注意深く見守る必要がある。

日本は、アメリカと戦い、そしてアメリカに負けて「終戦」を迎えたのではない。数百万という大量の兵力を投入したアジアでの（現地の人びとおよびイギリス軍などとの）戦いとアメリカとの戦いに負けたのである。この点は、反省とともに忘却してはならない事実である。

こうした点との関連で、インドネシアも興味深い。マレーシアやタイからは、「外国人労働者」的な人びとの日本への派遣は少なく、現在はこの点での結びつきは必ずしも強くはない。その点で、インドネシアは現在も日本への人の移動が活発であって、少し前には看護師や介護士の候補者の派遣が際立ち、現在も留学生・技能実習生などが日本にやってきているので、興味深いものがある。インドネシアは現在、人口が2億人を超え、中国、インド、アメリカに次ぐ、世界4位の人口規模である。歴史的には、19世紀前半からオランダの植民地となっていた。しかし「アジア太平洋戦争」で、1942年には日本がインドネシアを占領し、軍政を敷いていた。そして日本の敗戦で、1945年にはスカルノらが独立宣言をおこない、その後に再植民地化を企図したオランダとの独立戦争を経て、1949年に正式に独立した。そして、スカルノの治世は1965年まで続いた。その後はスハルト大統領が1998年まで政権を握り、さらにその後は選挙で複数の大統領が生まれている。

こうした歴史をもつなかで、筆者は2つのことに着目してみたい。1つ目は、三浦襄のことである。1888年仙台生まれの三浦は、父がハワイの日本人教会に赴いていた家で育ち、自らもクリスチャンとして伝道と商売を兼ねて、インドネシアに何回も渡航していた。最終的にバリ島のデンパサールに居を定めた三浦は、一方で帝国日本の戦地での工作のために、他方で現地の人びとの独立への志向にも共感を寄せてかれらのために活躍していた。しかし日本の敗戦だ。そこで三浦は日本の指導者が誰も責任を取らないことに憤りつつ、1945年9月に現地の人びとに詫びるかたちで、“私が日本人の責任を負って死ぬ”と表明して自決している。今日、バリ島には、「バリの父と呼ばれた三浦襄翁のお墓」があり、こうした事情が示された墓碑銘も存在し、現地の人によって丁寧に管理されている。バリ島は日本人観光客が数多く訪れる一大観光地だが、こうした話を知っている人は意外に少ない。

もう1つは、「父を探して」という特集が組まれて、その存在が日本でも知られるようになった「オランダ日系2世」の話である。オランダ統治が長かったインドネシアで戦時中を中心に日本人兵士と、オランダ人および現地人の母親との間に生まれた人びとのことである。その後、オランダに居住するようになったかれらは、差別やいじめに遭いながら「それでも募る出自への思い」に突き動かされて「父捜し」を開始していたのだ*。時間が長く経過し、いわゆる「中国残留孤児」のケースと似て、再会を果たすのは難しい場合が多いが、こうした人びとの存在も忘れることができない。なお、一大戦地であったフィリピンでもこうした話を聞くことがある。日本の国籍を求めて訴え出るケースもある。

そこで、日本との関係の近しさという点で、さらにフィリピンとベトナムを取り上げたい。どちらの国も現在、日本への労働力供給という点で重要な国でもあるからだ。そして、フィリピンもベトナムも人口が1億人程度であり、しかも国民の平均年齢が若い国である。フィリピンは20代半ば、ベトナムもほぼ30歳が平均年齢である。とくにベトナムは、ベトナム戦争によって当時の若い世代が大量に亡くなったことが影響している（ちなみに、今日の日本の平均年齢は40代後半で、年々上がり続けている）。さらにこの両国に関する特徴を述べておこう。まず、一部は先に触れているが、タイを除いて、東南アジア諸国は西欧の帝国の植民地であった。インドネシアがオランダの植民地であることはすでに触れたが、フィリピンはスペイン（後にアメリカ）の植民地、ベトナムはフランスの植民地であった。なお、フランスの植民地であったのは、カンボジアもラオスもそうである。さらにマレーシア（そしてシンガポール）やミャンマーはイギリスの植民地であった。

マゼランも上陸したフィリピンは、16世紀にはスペインの支配下に置かれた。そしてキリスト教が支配的な社会となった（8割を超す国民がカトリック教徒である）。だが、これもすでに触れたが、1898年の米西戦争でアメリカが勝利し、以後はアメリカの植民地となる。そこで、早い段階からの英語教育が施され、教育を受けた人はほとんど英語を話すことができる。筆者がかつて、フィリピン大学の知人に「フィリピンの人はバイリンガルですね」と話したら、彼は即座に「バイリンガルではありません。トライリンガルです」と答えた。英語と国語に

---

* 2014年6月2日付「朝日新聞」東京本社版に特集「父を探して」が掲載された。

あたる（タガログ語をもとにした）フィリピン語、そしてそれぞれの地元の言葉（方言というよりも異なる言語であることが多い）、この3つを話せるというわけである。今日、フィリピンは北東アジアの人びとにとって最も身近な英語圏にもなっており、かれらの英語習得のための語学学校もフィリピンに多い。

話を戻そう。そうしたフィリピンも1941年には日本が侵攻し、敗戦まで日本支配が続く。1946年になってフィリピン共和国として独立するが、その後のフィリピンは、独裁政治とそれに伴う政治的混乱もあり、経済もうまく回っていない。それゆえ、女性を含む国民の1割が海外に出稼ぎのために移住し、その送金が頼りとなっている。太平洋島嶼国、ハワイなどにもフィリピン系の移住者は目立つ。日本にも、かつてエンターテナーとして来日して、国際結婚にまで進んだ例も少なくない。

この節の最後に、ベトナムにも言及しておこう。ベトナムは、かつて中国に支配された時期もあった（ハノイには孔子廟もある）が、1801年にはフエを首都とする統一王朝、阮（グエン）王朝が成立した。だが、1884年にはフランスの実質的な植民地となり、カンボジア、ラオスを含めて仏領インドシナと呼ばれる時期もあり、これらの国ではフランスの影響が色濃く残っている。ラオスの首都ビエンチャンにはフランス料理店が立ち並び、カンボジアにいる社会学者はフランスで学んできており、さらにベトナム語はフランス式のアルファベット表記である。だが、1940年以後、進駐した日本軍の支配下にはいり、日本敗戦までその統治が続いた。その後すぐに、ホー・チ・ミンをリーダーとするベトナム民主共和国（後に南ベトナムと対立する国家「北ベトナム」となる）の樹立を宣言するが、フランスがベトナムの再植民地化を試みてベトナムの間でインドシナ戦争が起こった。そして、1954年にフランスは敗北した。しかし、ベトナムの悲劇はまだまだ続く。

1960年前後からはアメリカが南ベトナムを支援して動き始め、さらに1965年には北爆（北ベトナムを爆撃すること）が開始され、本格的にベトナム戦争が始まった。戦後の日本が、沖縄や日本本土の基地からの直接的、間接的なベトナム爆撃に関与したことは間違いない。1975年、南ベトナムのサイゴン（現ホーチミン市）が陥落し、翌年に南北統一のベトナム社会主義共和国が樹立された。その後、ベトナムは1986年にドイモイ（＝刷新）政策と呼ばれる開放政策をとり、1995年にはアメリカとも国交回復している。2019年春にトランプ大統領はハノイのホテルで北朝鮮の金正恩と2度目の会談をおこなったが、そのホテルはフランスが建てたものであった。いろいろな意味で、この会談は、東アジアの太平洋側地域の象徴的な意味合いをもっていたと言えよう。

そこで、次は東南アジアから北東アジアへ目を転じたいと思う。なお、ここで東北アジアと言わずに北東アジアと称するのは、「東北」には中国東北部や日本の東北地方のニュアンスが付きまとうからでもある。英語表記をすれは、Southeast Asia から Northeast Asia へ、である。

14 北東アジアの分断——脱ナショナリズムへの道

今日、北東アジアは、アメリカと中国(およびロシア)がいろいろな点で激しく対立し、新たな冷戦(新冷戦)が始まっていると言われることが多くなってきた。ただし、対立は米中ロの大国同士でのみ見られるわけではない。朝鮮半島における南と北、南北朝鮮の国家と日本、中国と台湾、南シナ海での島嶼の帰属をめぐる関係国の対立などが際立つ。日本がかかわる領土問題にも、日ロ間の北方領土問題、竹島(韓国表記では独鈷島)をめぐる領有権争い、さらに尖閣諸島をめぐる日中の対立といった問題があることはよく知られている。

かつての帝国日本のアジア進出が背景にあるとはいえ、現代世界でこれほどまでに各国がナショナリズムを前面に出して対立するような地域がほかにあるだろうか。トランプのアメリカ、Brexit のイギリス、EU の極右の人たちなどに強いナショナリズムを見ることは可能だが、また帝国主義の植民地に置かれていた国・地域がナショナリズムを掲げて独立を志向する「抵抗と解放のためのナショナリズム」が見られたことは事実だが、今日の諸国家にみられる「国益最優先のナショナリズム」に加えて、歴史的な過去の不幸(日本による韓国併合や日本による満州建国や日中戦争末までの中国進出など)と社会主義という政治体制も絡んだ、複合的ナショナリズムの様相・対立が北東アジアで展開されている。

だが、ナショナリズムとは何か。それは、国家主義とか民族主義とか訳され、歴史文化的な「原型」が存在するとか（スミス 1999）、「創られた伝統」（ホブズバウムほか 1992）にすぎないとか「想像の共同体」（アンダーソン 1997）であるとか語られる。だが筆者としては、「ナショナリズムとは、第一義的には、政治的な単位と民族的な単位とが一致しなければならないと主張する一つの政治的原理である」とするゲルナーの定義*が妥当なものだと考えている。しかしながら、ナショナリズムには最低限、区別しておかなければならないタイプがあると考えている。それが、①「抵抗と独立の拠点としてのアイデンティティ的なナショナリズム」と、②「支配と侵略の道具としてのインペリアリズム的なナショナリズム」、そして③「対抗と競争の基盤としての国益最優先的なナショナリズム」である。①は主に植民地解放の民族独立運動などに見られ、②は帝国主義のイデオロギーである。そして③は国際（諸国家）競争社会である現代世界に見られるタイプである。ただし、いずれのタイプも自国中心主義に行き着く可能性があり、注意が必要なことはいうまでもない。

さて、ここで少し話題を変えてみよう。南果歩という日本の女優がいる。その先祖は、なんと大昔の遣唐使の中国側関係者まで辿れるという（出典はNHKの「ファミリーヒストリー」による）。日本に来た中国の関係者である南（ナム）氏は、帰国する際に船が流されて朝鮮半島に着き、その場所（現在の韓国）に南氏が住み着いて、南一族が栄えた。そして日韓併合時に、その一部が日本に出稼ぎに来て、関西に住み着いた。その一人が在日コリアンである南果歩さんの母方の祖父であった。一部推測の個所もあるが、ある意味で、この話は、中国、朝鮮、日本の近しい関係を象徴するような話ではないだろうか。

中国の近現代史については多くを語る必要もないだろう。ここでは、イギリスとの間で戦われたアヘン戦争（1840年）が中国近現代史の出発点であるということをまず確認しておこう（中国では、「近代」「現代」「当代」という言い方をすることが多い。近代はアヘン戦争後から、現代は新中国誕生から、当代はまさに現在である。今日ならば、まさに習近平政権下の時代ということになろう）。1850年代から60年代にかけての太平天国の乱の時期の首都は南京であった。この乱が終結したその後も清朝の改革はうまくいかず、最終的に1911年に孫文の率いた辛亥革命が成功

---

* ゲルナー 2000『民族とナショナリズム』参照。なお、ナショナリズムに関しては、西原 2018『トランスナショナリズム論序説』の第3部も参照されたい。

し、翌年に中華民国が成立した（このときも首都は南京である）。だが、混乱はその後も続き、加えて日本が満州国を建て、さらに首都・南京にも侵攻（南京虐殺事件）して中国大陸は混乱を極めた。そして、孫文系統の国民党は、新たに農村を基盤に力を得てきた共産党と協力（国共合作）して日本軍に対抗し、最終的に日本を打ち破った。

だが戦後すぐに、共産党は国民党と内戦状態になり、最終的に国民党を台湾に追いやって、1949年に中華人民共和国を成立させた。その際の指導者、毛沢東は後に文化大革命を進めて指導権を強固に確立したが1976年に死去し、1978年末に鄧小平による改革開放路線が決定して新たな段階に入った。とくに1980年代には胡耀邦などの改革派が力をもち、百花斉放を再提唱して意見表明のかなりの自由度をもち始めていたが、1989年の天安門事件で改革は押さえつけられて、現代に繋がる政治経済路線が確定した。それが明確になるのは、1992年の鄧小平による南巡講話であり、それ以後、社会主義という政治体制を保持しながら、世界市場に積極的に乗り出していく社会主義市場経済の道を歩み、2001年にはWTO（世界貿易機構）にも加盟して経済力をさらに高め、2010年にはGDPで日本を抜いて世界2位になるまでとなった。

さて、中国に関しては、ここでは次の2つのことを記しておきたい。まず1つ目はナショナルな国内的な話題で、中国は公式には56の民族からなる国家だとされている点である。もちろん、漢民族が圧倒的に多く9割以上とされているが、それ以外にも特徴的な民族がいるとされている。たとえば、回族と呼ばれる1000万人ほどのイスラム系の民族がいる。これにイスラム系のウイグル族1000万人ほどを加えることができる。モンゴル族やチベット族は500万人規模であるが、さらにモンゴル語を基礎とする満州語を話す満州族も、あるいはチベット系といわれるチョワン族も、それぞれ優に1000万を超える人口で存在するとされている。さらに特徴的なのは、朝鮮族であろう。中国東北部（旧満州）、なかでも吉林省には100万人を超える数の朝鮮族がおり、その地の延辺大学では中国語と朝鮮語で教育がおこなわれている。ただし、この朝鮮族に代表されるように、「少数」民族は全体として減少傾向にあり、一部では漢民族化が進められているとも言われている。

もう1つはトランスナショナルな話題で、とくに2013年に発足した現在の習近平体制にかかわる点である。2014年に提唱された一帯一路の政策についてはすでに触れているが、その前年に習近平はAPEC首脳会議でAIIBの設立を提唱した。AIIBとは、アジアインフラ投資銀行（Asian Infrastructure Investment Bank）のことで、中国が提唱・主導するアジア向け国際開発金融機関である。2015年に創設メンバー57か国でスタートし、2019年にはアフリカからの参加国も含めて、ついに100か国を超えた。アメリカや日本は加盟していない。アメリカは世界銀行（World Bank：WB）の中心におり、歴代の世銀総裁はアメリカ出身者である。他方、日本はアジア開発銀行（Asian Development Bank: ADB）を主導しており、この銀行の総裁はすべて日本人であった。AIIBの参加国はADBを抜き、WBに迫っている。

このように中国の国際社会への台頭には著しいものがある。とはいえ、中国は歴史上でも、華僑・華人として、世界に四散する一種のディアスポラも輩出していた。海外を拠点に生活しているが、中国国籍を所有しているのが華僑で、国籍をもたずに現地の国籍をもつ中国系は華人と呼ばれる。いずれにせよ、欧米やアジア太平洋の主要都市ではチャイナタウンの存在を確認することができるし、ASEANにおいても中国の翳を読み取ることができる。インドネシアやタイには、700万人規模の華僑・華人がおり、マレーシアにも600万人近く、さらにシンガポールの人口の約四分の三を華人が占め、総数で300万人ほどである。中国の改革開放前は、「眠れる獅子」などともいわれてきたが、現代国際社会で中国の動向を軽視することはできない。

さらに、中国との関係では、ぜひとも台湾にも言及しておきたいと思う。すでに述べたように、日本の敗戦で中国大陸から日本軍が撤退したのち、共産党と国民党は内戦状態となり、最終的に国民党関係者は台湾に逃れた*。そして、

---

* より正確にいえば、まず日本が敗戦した後、敗戦後の処遇を決めたカイロ宣言によって、連合国軍の委託を受けるかたちで、国民党関係者が、大陸での内戦は続けながらも、台湾に進駐して行政を引き継いだ。その過程で、国民党関係者による虐殺（白色テロとも呼ばれている）が起こり、数万人といわれる現地人の犠牲者を出した2・28事件が生じた。その後、内戦に敗れた国民党関係者がさらに多数台湾に移住することになったのである。高2017『〈犠牲者〉のポリティクス』は、済州の4・3事件、台湾の2・28事件、そして沖縄戦の犠牲者を論じている。今日、いずれの地にも平和に関する記念館がある。

1950年には台湾の国民党政権が確立され、現在の中華民国となったのである。

ここに至るまでの台湾の歴史もまた、ヨーロッパの帝国とは無関係ではない。台湾は、まずはスペインによって、そして次にオランダによって17世紀の半ば過ぎまで植民地化されていた。それを打破したのは、日本人の母親をもつ鄭成功(国姓爺と称されていた)であったが、ほどなくして台湾は大陸の清朝によって制圧されたのである(1683年)。そして次の大きな変化には日本がかかわることになる。日清戦争に勝利した日本は、下関条約で台湾を植民地として統治するようになった。琉球国を「処分」して日本に編入した後の、大きな植民地経営の第一歩となったのである。そして、結局、1895年から1945年までの51年間、台湾を支配したのだ*。日本の敗戦後に、台湾に渡ってきた国民党は、リーダーの蒋介石を総裁とする一種の独裁体制のもとで中華民国を戒厳令下に置きながら動かしていた。その戒厳令が解除され、独裁が終わって民主化されるのは、1987年のことであった。それ以後、人口も2000万人前後で推移してきたが、近年には少子高齢化が語られるようにもなっている。

しかしそれ以上に、台湾では——後に見る韓国でも同様だが——国際結婚、とくにベトナム人女性との国際結婚が進み、現在、中国からの家政婦的な労働力の導入と同時に、国際結婚移住者の存在が大きくなっている。台湾の町の一角に「越南[ベトナムのこと]新娘」紹介のビラ(そこには、結婚後もし逃亡したら代わりの女性を紹介するとも記されている)が貼ってあるような状況は衝撃的ですらある**。

台湾は、そもそも多様なエスニシティからなる島であった。台湾先住民として、高砂族をはじめとして、東南アジア系も含めて15程度の異なるエスニシティの人びとが先住していたとされている。ただし、日本の植民地を経験した台湾の人たちは——戦後に中国大陸からやってきた外省人の振る舞いと対比してだろうと思われるが——韓国人に比べて、日本人への好感度は低くない。「哈日族(ハーリーズー)」

---

* 小熊1998『〈日本人〉の境界』は、植民地下の台湾のみでなく、沖縄、朝鮮などの歴史的状況を論じている。小熊1995『単一民族神話の起源』や阿部2014『〈移動〉と〈比較〉の日本帝国史』とともに、重要な文献である。

** このビラの写真も載せている、南京大学の張玉林の刺激的な論文「グローバル化と東アジアの農業・農村社会」(『コロキウム：現代社会学理論・新地平』第6号)をぜひ参照されたい。

と呼ばれる日本大好きの若者も目立つ。そして、日本人観光客にとっても、古いタイプの温泉も残る台湾に一種の郷愁すら感じて、人気の旅行先となっている。1972年の日中国交回復で、今日では日本と台湾には正式の国交がないが、民間ベースで交流が進んでいることも付け加えておきたい。

さて、北東アジアの最後は、朝鮮半島（あるいは韓半島）に関してである。朝鮮半島は1910年に日韓併合というかたちで日本によって植民地化された。その時代に創氏改名などを含みつつ強引な皇民化政策がとられたことも比較的よく知られている（2018年にソウルには民間の「植民地歴史博物館」が開館した）。戦後（「日帝」からの解放後）は、北側がソ連によって、南側がアメリカによって支援されて半島の南北が分断された。その過程で、済州島では南北対立の犠牲者ということができる3万人もの虐殺が南朝鮮側によって引き起こされたと言われている。1947年からの4・3事件である。今日、済州島には、沖縄の平和の礎（いしじ）および平和祈念館にならって、2008年に「済州4・3平和祈念館」が建設されている。それは長い間の独裁政権――李承晩、朴正熙、全斗煥と続いた――が終わって1987年の民主化以後に真相が解明され始めたその成果でもある。この民主化は、独裁政権の打倒に向けた学生たちの1980年の運動が政府の武力行使によって200名あまりの学生が犠牲となって弾圧された悲惨な光州事件をへて、ようやく手に入れたものである。

そして、その後も20世紀末のアジア通貨危機などで苦境に立っていたが、1998年になって日本文化の紹介が韓国によって解禁され、2002年の日韓ワールドカップ共同開催と韓国ドラマ「冬のソナタ」のブームによって、日韓の関係は一気に親しい関係になりつつあった。しかし、日本でいう竹島問題や慰安婦問題などで現在の日韓関係は微妙な面ももっている。それでも気軽にソウルに行ったり、K-popに親しんでいる若い世代は、韓国に対する親近度が高いが、中高齢者層では嫌韓的な意識も見られる。いかに未来にむけた世代の今後の相互交流が大切なのかが、ここからもうかがわれるであろう。

もちろん、この韓国・朝鮮嫌いという意識は、排外主義的なヘイト・スピーチとまったく無関係とは言えない。朝鮮民主主義人民共和国（北朝鮮）は、大韓民国（韓国）と同時期（1948年）に成立したが、1950年には朝鮮戦争が起こり、1953年に北緯38度線で2つの国家に分断されて「休戦」状態のまま現在に至っている。

朝鮮半島も、ベトナムと同様に、アメリカとソ連(そして中国)との代理戦争的な様相を呈し、古い冷戦構造が世界で唯一ともいえるかたちで残されているのである。金日成、金正日、金正恩という3代にわたる独裁的統治はたしかに問題であり、かつて工業地帯であった半島北部は、生活苦も続く困難な状態にあると言われている。さらに、先軍政治と称されるような、北側の軍隊の重視の政策から、2002年には核保有が宣言されて複数回の核実験もおこなわれ、ミサイルの発射実験も繰り返されている。韓国の金大中や盧武鉉といった大統領は南北対話を積極的におこない、和解に向けた努力も見られるが、大国の思惑も交錯して、事態はなかなか好転しない。まずは交流の多様な回路づくりと交流の活性化が求められている。

今日、古い冷戦構造だけでなく、米中ロの新たな冷戦時代の到来も語られるようになっているが、おそらくその基となる出発点は朝鮮戦争にあった。第2次世界大戦、とりわけ日本が深くかかわったアジア太平洋戦争後に、国際社会は平和を強く希求し、日本に非武装の平和憲法をもたらしたが、朝鮮戦争を契機に、その日本も冷戦の一方の担い手であるアメリカに従属するかたちで、再軍備化(警察予備隊⇒保安隊⇒自衛隊)や核持ち込み(今日ではこの点のさまざまな証拠が見つかっている*)など、新旧の冷戦に加担する状態となっている。そうしたなかで、いかにすれば、北東アジアの平和と共生が実現可能なのであろうか。あるいはEUやASEANなどのような各地域で生じている地域連携・地域統合は北東アジアで可能なのであろうか。要するに(北)東アジア共同体の可能性に関する問いについて、本書のまとめの意味合いも兼ねて日本について言及しながら、最後の「終章」で考えてみたいと思う(なお、この部分に関しては、本書の付章も参照されたい)。

＊ 最近の文献では、NHKのドキュメンタリーに対応する松岡2019『沖縄と核』が興味深いので、ぜひ紐解いてみてほしい。

終章　平和と共生への連携
――東アジア共同体への／からの出立

上：沖縄県平和祈念資料館
下：済州 4・3 平和祈念館（著者撮影）

15　トランスナショナルでリージョナルな連携へ

本書の第1章で、日本社会が国際化の只中にあることが示された。そうした様相は韓国でも同じである。というより、韓国の方が顕著であるということもできる。実際、10年余り前までは「農村ではお嫁さんの半分が外国人」などという語られ方もしたが、たしかにピーク時の2005年には韓国全体の国際結婚率は13%台（8組に1組は国際結婚）であり、現在ではその割合は減少したとはいえ、全婚姻数のうちの9%を越えるとされている。外国人率も留学生率も日本を凌いでいる。さらに韓国人の海外留学生数も、中国、インドについで第3位であり、日本の20位台とは大きくかけ離れている。そして、韓国は多文化社会を意識して、2010年代に「地球人の日」や「多文化家族法」の制定、そして多重国籍を認める方向で歩み出している*。

それに対して、日本の動きはきわめて鈍い。幕末から明治にかけて、横井小楠や吉田松陰のように外国との交流を強く意識する人びとも存在したし、自由民権運動では植木枝盛のようにアジアや世界を見据えた憲法案を作成したり、日清・日露と戦争を重ねる際には「非戦論」を唱える内村鑑三、あるいはアジア進出を批判する石橋湛山などのような人びとも存在した。しかし残念ながら、そうした人びとの声はメインストリートを構成せずに、背後に押しやられていった。ただし戦前は、日本に在住するコリアンの人びと（男性）には選挙権や被選挙権も認められており、実際にコリアンの国会議員も誕生している。さらに、統治のためのタテマエにすぎないとはいえ、日本は満州建国時には、日・朝・満・蒙・漢の民族（五族）の協和を唱えていた。だが戦後、1952年体制と言われるような国籍法などの制定過程で、「日本人」以外は外国人として明確に排除され、その延長線上で単一民族神話が形成されていった**。その段階でも明確に、沖縄人やアイヌ人が存在したが、強烈な単一民族イデオロギーの流れのな

---

* 有田ほか編 2016『国際移動と移民政策』には二人の著名な韓国人社会学者による家族や労働にかかわる韓国社会の現状が論じられているので、参照願いたい。

** 小熊 1995『単一民族神話の起源』、樽本 2016『よくわかる国際社会学（第2版）』参照。なお、アイヌに関する法に関しては本書06参照。

かから生まれたかのような1960-70年代の日本人論にも影響を受けて、その存在はかき消されてきた感がある。国連に促されて、日本政府がアイヌを先住民だと認めたのは2008年のことであったが、国連の勧告にもかかわらず、沖縄は日本政府によって独自の民族だとはいまだに認定されていない。

こうした状況のなかで、私たちはいかにして北東アジアからトランスナショナルな連携の可能性を追求する糸口を見出すことができるのだろうか。まず考えられなければならないのは、決して自国中心主義的思考にのみこだわることのないようにすべき点だろう。理念とするのは、多様な人びとが国家を超えて平和な情況のうちに共存・共生することである。本書で地域統合体に着目してきたのは、そうした意図からである。世界の潮流は、極右や自国第一主義のような揺り戻しはあるにせよ、確実にトランスナショナルな方向で動いている。ベックのいうような、全世界の平等を目指すごとき理想的なコスモポリタニズムにはいまだ程遠いにせよ(本書01参照)、リージョナルなまとまりは世界のいろいろなところで前進している。それゆえ、私たちの北東アジアの現状を見るにつけ、新旧の冷戦が際立ち、平和と連携には距離があるような現状のなかで、私たちが考えるべき方向は「トランスナショナリズム」への着目であると筆者は考えている(本書02参照)。それゆえ、本書ではトランスナショナルな越境者について随所で言及しながら、平和と共生のためのトランスナショナルな連携の糸口を考えようとしてきたのだ。

そこで筆者としては、国際化・アジア化しつつある日本が、かつてのアジア侵略に対する反省の上で、アジアの関係国とともに北東アジアの平和と共生のために積極的に連携にむけて行動していく必要性と可能性があると考えている。それは、日本のかつての問題ある行動に対する1つの責任の取り方でもあるだろう。単に日本が労働力不足の状態にあるので、その国益のためにだけ外国人労働者を導入するという発想では問題がありすぎる。原則としては、国境を越えた労働力の交流という視点で国籍の異なる人同士が互いにウィンウィンの関係になるような道を探るべきだろう。トランスナショナルな人際関係をいかに深化拡大させていくのか。そこがポイントだ。

そこで本論の最後に、筆者は問題解決のための筆者が引いている補助線について言及したい。それは「沖縄」である。すでに触れてきたように、かつて独立国であった沖縄は明治の初めに強引に日本に編入され、さらに戦後は日本からいとも簡単に切り離されてアメリカに27年間も占領され、「核抜き、本土並み」を掲げた沖縄返還後も大量の基地を負わされ続けるという差別的な扱いを受けてきた地域だ。しかしながら、これもすでに触れてきたが、沖縄から越境して世界に移動していった沖縄系移民たちは現在、世界的な規模で連携を保ちながら、新たなトランスナショナルなネットワークを形成している。そうした沖縄は、ある意味ではナショナルな思考の枠を超えた発想をもちうる地域である。そして事実、沖縄では戦後、琉球共和社会憲法案のような、国家の廃絶さえも謳っている「社会憲法」――決して「国家憲法」ではない――を生み出すような沖縄知識人の誕生を見ているし、沖縄の自立や独立を唱える人びとも活躍し、さらに最近では、沖縄発の「東アジア共同体」論の展開が進んでいる[*]。

とはいえ、そうした動きが本格化するのは、2010年代になってからである。そのためには、韓国や台湾も民主化され、中国でも研究者が外に向けて発信できるようになるという外的条件が整わなければならなかった。そして事実、韓国でも台湾でも、さらには中国でも東アジア共同体論のようなかたちでの北東アジアにおけるトランスナショナルな連携が語られ始めているのである[**]。

しかし繰り返せば、それはまだ始まったばかりだ。だが、そうした動きのなかでなされる連携の模索にこそ、実りある平和と共生のためのトランスナショナルな連携が可能となる糸口があるのではないか。戦後日本の政治においては、政治家レベルでの日本の平和と自立への志向(自主路線)はアメリカによってことごとくつぶされ(石橋湛山、田中角栄、さらに鳩山由紀夫など)、逆に対米従属のみを考える政治家だけが長期政権を維持する事態(吉田茂、佐藤栄作、そして安倍晋三など)を見ると明らかなのだが、政治家だけに任せていては、アメリカの世界戦略のなかで踊る人形のように、対米従属だけが際立つ情勢が続き、ことは容

---

* 社会憲法案に関しては、川満2010『沖縄発』、川満・仲里編2014『琉球共和社会憲法の潜勢力』を、自立と独立に関しては松島2015『琉球独立宣言』を、さらに東アジア共同体に関しては木村編2019『沖縄から問う東アジア共同体』などを参照のこと。なお、これらに関しては本書の付章も参照されたい。

** 韓国では白2016『共生への道と核心現場』、台湾では陳2011『脱 帝国』、さらに中国では孫2002『アジアを語ることのジレンマ』などに着目できる。さらに孫ほか編2006『ポスト〈東アジア〉』も刺激的だ。

易に動かない*。だが、本当にそれでいいのだろうか。

一方で世界に目を向けつつ、他方で普通の人びとの生きざまに学びながら、自分のよって立つ足元にも十分に目を向けること。そしてそこから、コンヴィヴィアルな状況（生き生きとした共歓という共生の状況）を自ら作り上げながら、まずは当面の課題である前提としての平和と生き方としての共生という「平和と共生」のためのトランスナショナルかつリージョナルな連携を、可能な地点から始めていくこと。たとえば社会学者であれば、共生のための平和と連携に向けた北東アジアの社会学者の集う場を創造し、さらにそこに国家を超えたトランスナショナルな社会学を共有することができる場を確保すること。こうした小さな試みの積み重ねが、やがて政治をも動かしていく力となっていくであろう。そうする努力を惜しまないで進みたいと思う（本書の付章を参照）。

＊ この点に関しては、孫崎 2012『戦後史の正体 1945-2012』が非常に興味深いので、ぜひ参照願いたい。

付章　東アジア共同体論の国際社会学的課題と社会実践論的課題

上：沖縄県伊江島・反戦平和資料館

下：東京都立川市・砂川平和ひろば（著者撮影）

序　沖縄と砂川から学ぶトランスナショナリズム

「土地に杭は打たれても、心に杭は打たれない」。これは、関係者にはよく知られている言葉だが、1955年5月に突如通告された米軍立川基地の滑走路延長に反対する砂川(すながわ)町基地反対同盟の行動隊長(当時)・青木市五郎氏が口にした言葉である。この言葉をスローガンの1つに掲げて闘われた砂川の基地拡張反対運動のなかで、1957年には7名が逮捕・起訴されるという、いわゆる「砂川事件」が起こった。これに対して、1959年3月30日に米軍の駐留がそもそも違憲であり、よって全員無罪という東京地裁のいわゆる「伊達判決」が下されたことは画期的であった。

しかし、米側と日本政府は、高裁を経ない「跳躍上告」というウルトラCの離れ技で最高裁をも巻き込み、同年12月16日にこの伊達判決を覆した。これはきわめて不自然な動きであり、さまざまな疑惑が語られてはいた[1]。しかし、今日ではよく知られるようになったが、新原昭治氏は2008年にアメリカの公文書館で「機密解禁文書」のなかから(アメリカ政府と日本政府との)密談・密約の驚くべき新資料を発見した。そして、その後の末浪靖司氏らの活躍にもよって、そうした密談などの内容と、その間の経緯も明らかになった[2]。もちろん、これは砂川だけの問題ではない。それは、沖縄/日本を含めたアジアや世界の問題でもある。

東京の砂川町で米軍立川基地の拡張問題が生じた1955年5月、この月を挟むかたちで、沖縄においては、3月に伊江島の真謝(まじゃ)で、また7月に宜野湾の伊佐浜で、「銃剣とブルドーザー」による米軍の暴力的な土地接収がおこなわれていた。伊江島の闘いでは阿波根(あはごん)昌鴻氏らのその後の長い闘いの歴史があるが[3]、伊佐浜での闘いも「伊佐浜土地闘争」として多方面に影響を与えた。たとえば、沖縄の代表的思想家・川満信一氏は「伊佐浜区民の抵抗は、人間が生きのびていくための原点的な闘いであった」と総括し、かつ「伊佐浜土地闘争の体験は、いわばわたしの思想の核となっている」と回想的に述べていた(川満 1987: 154, 156)。

東京の砂川闘争と、沖縄の上記に代表される闘争は、まぎれもなく連関している出来事である。1952年発効のサンフランシスコ講和条約以降の米軍(連合軍)

による日本の占領が終わった後の(「主権回復の日」以後の)段階、つまり(その後に実行されることのない怪しげな)同条約第3条の条文[4]によって沖縄が本土から切り離された後の段階での米軍基地建設・拡張も、アメリカの「極東」アジア戦略の一環として生起した。しかもそれらは決して「過去の闘争」ではなく、辺野古新基地建設に見られるように、現在も続いている動きである。新崎盛暉氏は、「『島ぐるみ闘争』の時代——それは砂川闘争の時代でもあった」(新崎 2016:18ff.)と論じているが、この本土と沖縄の闘争の連関は、だが当時は一般には「可視化」しにくいものであったかもしれない。対日講和発効の時点で、「日本(ヤマト)全土には、沖縄の約八倍の米軍基地が存在」していたが(新崎 2016:23)、その時期から1960年(安保改定時)ごろまでに、「日本本土の米軍基地は四分の一に減少」し、「沖縄の基地は、約二倍に増えた」(新崎 2005: 20)という負の連関も一般には見えにくいものだったと思われる。

では、日本(本土)から撤退した戦闘部隊、とくに海兵隊はどこに行ったのか。この点に関しても、新崎氏は「『日本ではない沖縄』に移駐した」と明言する(新崎 2005:20)。こうした動きも、少なくとも当時は「可視化」されて論じられることはなかったように思われる[5]。多くの人びとにこの負の連関がはっきりと「可視化」されるプロセスには、伊達判決以降、とくに70年前後の反復帰論や安保闘争あたりから徐々に、そして何よりも近年の新治氏らの尽力を契機とし、さらには鳩山民主党内閣以後、とりわけ2015年前後の安保法制に関する批判的議論が活性化するといった流れがあった。その間に60年という歳月が流れた。なお、近年では、矢部宏治氏などの「密約」研究も大きな意味をもっていたことも言うまでもない(矢部 2016, 2017)。

いずれにせよ、本土の基地反対闘争→本土の基地の縮小→沖縄の基地の増大という関係性は——朝鮮戦争前後からのアジア情勢や日米安保体制、さらには各種の「密約」(の判明)などの影響が当然考えられるので——決してストレートではないが、一定の連関を結果的にもたらしたことは否めないであろう。ただし筆者はいま、その点を問題にしたいのではない。いま私たちは、そうした連関の「可視化」をベースにしつつ、これまでの基地問題解決の方向性を再検討して、未来に向けた新しい社会の可能性を切り拓くような、さらなる「可視化」への試みへと歩を進める必要があるという点こそが、ここでのポイントである。

要するにポイントは、本土(ヤマト)と沖縄(ウチナー)にかかわる上述の多様な連関の歴史を、あえて／あらためて、ヤマトゥンチュとウチナーンチュを繋ぐ1つの太い絆の原点というように捉えることはできないだろうかという点にある。そしてその際、その原点を生かす可能性と道筋をトランスナショナル／リージョナルな方向で探りながら、そのためには、いま私たちに何ができるのか／何をすべきかに関する課題をここで検討し提示したいと思うのである。

1. 砂川闘争以後——記憶を抹消する文化装置と連関不可視化

現在、かつての闘争の地、砂川四番(砂川町は現在は立川市に編入されている)の畑の一角にも「平和之礎(いしじ)」と刻まれた石碑が建っている。また現在、基地拡張反対の町長をトップとして闘争の1つの拠点となった旧砂川町役場は「立川市砂川学習館」となっており、その一角には「砂川闘争の記録」と銘打たれたコーナーがある。そこには、当時の写真や資料とともに、「砂川闘争について」や「伊達判決について」などの説明パネルとともに、「砂川闘争関連年表」や「米軍の駐留は違憲」という大見出しの1959年3月30日付の毎日新聞夕刊一面が展示されている。さらに、「平和之礎」のすぐ横には、かつての反対同盟行動副隊長だった宮岡政雄氏の娘さん(福島京子氏)が主宰する「砂川平和ひろば」という団体の建物もある。その団体は砂川闘争55周年(2010年)に開設され、建物内部は60周年(2015年)にはほぼ現在の形になった。建物自体は「子ども食堂」なども兼ねた比較的小さな地味なものだが、オスプレイも来ると予想される陸上自衛隊の立川駐屯地と金網のフェンスがその眼前に広がる場所にある。

砂川を含む立川は現在、外見上は大きく様変わりしているように見える。ここでの闘争の「勝利」(1968年には米軍が滑走路延長の中止を決定した)のあと、1969年10月には、立川基地の主要機能はすぐ近くの横田基地に移されることとなり、1977年には正式に全面返還されることになった。そして、その跡地の約1/3がいま、返還後にすぐやってきた陸上自衛隊の立川駐屯地となり、他の約1/3は警察署などの公的施設が中心の建物群ゾーンとなっている。残りの約1/3には、

「昭和天皇在位50周年事業」の一環として1983年に広大な「国営昭和記念公園」がオープンし、さらに2005年（砂川闘争から50年！）には増設の「みどりの文化ゾーン」に「昭和天皇記念館」が開設された。この記念館は、床全面が竹でできており、壁はドイツから取り寄せた化石入りの大理石という豪華な内装の館である。しかも展示は、平和を求めた昭和天皇というイメージで満ち溢れた“文化”空間を演出している。今日までの、砂川闘争開始からの60余年という歳月は、「反基地・反安保」（宮岡 2005）を願った人びとに関する記憶を消し去るには十分すぎる時間だったのであろうか（Tompkins & Laurier 2018）。

おそらく時間の問題ではない。問題は、ここ米軍立川基地跡では「記憶を抹消する文化装置」が巧みに作り上げられてきたという点にある。それは米軍や政府側のとりあえずの「勝利」と称すべきものかもしれない。春の桜と新緑、夏のプール施設、秋の紅葉、冬にも緑を絶やさない植樹、さらに2人乗り自転車での園内周遊から盆栽コーナーの鑑賞など、いまや昭和記念公園は、子どもから若者そして老人まで楽しめる文化スポットとなっている。この公園の北隣で60年あまり前にたくさんの血が流され、さらにそれ以前には日本陸軍の飛行場があり、そしてそれが米軍立川基地となって、（すぐ近くの横田基地も含めて）朝鮮戦争やベトナム戦争などとの関連でもたくさんのアジアの人びとを苦しめたという事実は、こうした「文化装置」によって見事に――とくに若い世代の視界からも――「不可視化」されている[6]。こうした歴史に鑑みるとき、1945年の「聖断」を中心に平和を希求した昭和天皇という（「記念館」の）イメージ作りは、この立川の地においては一層の強い違和感を引き起こさざるをえない。

砂川闘争はいくつもの教訓を私たちに残した。伊達判決、跳躍上告の最高裁の決定と米国との関係、機密解禁文書などについては先に触れたので、ここでは、むしろ――「あえて」と言うべきだろうし、さらに基地拡張を断念させた砂川闘争「勝利」の輝かしい歴史に泥を塗るつもりでは決してないと付け加えたいが――戦後日本（本土）に決定的に欠落していた少なくとも3つの事柄（＝不可視化）に目を向けたいと思う。

それは第1に――すでに示唆したことだが――砂川闘争が血みどろのかたちで闘われていたとき、沖縄でも伊江島の農民の闘いや伊佐浜土地闘争があり、その後も一連の、そして現在も続く基地問題と深く連関している歴史に関する認識問題である。今日では、砂川の農民から買い上げた国有地の一部に住民たちによる「砂川秋まつりひろば」が仮設されており、その一角に広島・長崎、ビキニ島、福島などの方角を示す木製の標識とともに、その最下段に、「沖縄辺野古・やんばる」まで 1400 ㎞余りだということを示す矢印型のプレートが存在している。だが、闘争「勝利」の陰で、本土の基地が沖縄に移転するという「連関」も含めて本土の基地と沖縄の基地との連関について、戦後日本（本土）の人びとは、どこまで思いを馳せることができたであろうか。本土が高度成長に浮かれていたとき沖縄では土地が強奪されていたという趣旨の阿波根氏の言葉（伊江島の「反戦平和資料館」にある手書きの標識の言葉）が再度注目されるべきだろう。

第 2 に、この点との関係で、砂川の苦難が戦前そして戦後のアジアの人びとへ与えた苦難と連関していることにも、これまでの私たちの想像力は十分に及ぶことができただろうかという問題がある。興味深い児童文学書『心に杭は打たれない――いま語りつぐ基地・砂川物語』の一節に「一九四五年（昭和二〇）年八月一五日、日本はアメリカ・イギリスや、旧ソビエト連邦（現在のロシア共和国ほか）などを相手にした、太平洋戦争に負けました」（ドラゴンの会 2001: 37）と記されている。太平洋戦争に限定すれば大きな間違いではないにせよ、日本は中国をはじめとしてアジアの国ぐにとの戦争にまず乗り出し、ついで英米などとも戦争し、そして中国／アジアや英米などに「敗戦」したのである。アジアとの連関が欠落する視線の形成も、日米の「文化装置」の見事なコラボだといえるだろう。

そして第 3 に、統合された米軍横田基地（トランプ大統領は 2017 年の初来日時に横田基地に着陸し、その後すぐに安倍首相と埼玉でゴルフに興じたことは記憶に新しい）は、「横田空域」と呼ばれる米軍支配の象徴を担う 1 つの中心的な場となり、そこから「日米合同委員会」の会合参加のための米軍ヘリコプターが米軍の六本木ヘリポートに向けて飛ぶだけでなく（矢部 2017）、東京、日本（ヤマト）そして沖縄のみならず、米軍のアジア戦略／世界戦略の一翼を担っている場だという連関にまで、私たちは想像力の翼を広げることができるだろうか（新城 2018）。毎年初秋に開催される横田基地での「日米友好祭」には多くの周辺住民が集って「異文化」を楽しんでいる。そこには日米友好の（軍事中心の）同盟はあるが、米軍基地とアジアのみならず世界との連関は不可視化されているように思われる[7]。

では、そうした沖縄／アジア／世界とのいわば「連関不可視化」という事態に対して、私たちはどう考えればいいのか。この点に思いを巡らせるとき、長い苦難の歴史を経験してきた沖縄の人びと、とくに沖縄の活動家や思想家たちの活動からは、社会学徒としても学ぶべき点が非常に多い。社会学理論を専攻してきた筆者にとっては、沖縄およびそれを取り巻く情況から学ぶことのうちには、沖縄の知識人たちから学ぶことが大きな比重を占めている。ただし、この「学び」の帰結の議論に立ち入る前に、つまりここでの目的たる「課題の検討・提示」の前段として、社会学理論研究者としての自らの立ち位置と（社会学的）課題について次節で簡潔に触れておきたい。

2. 社会学・沖縄研究・国家論――トランスナショナルな社会の概念へ

筆者はウチナーンチュではない。沖縄に比較的多い名前（西原）とはいえ、父親は佐世保生まれで、母親は佐賀出身の家系で日韓併合時の平壌で生まれた。この両親が満州で結婚し、「首都」長春に居を構え、筆者のきょうだい6名も皆、満州生まれである。そして戦後に「引き揚げ」てきてから筆者が生まれた。その場所は立川基地の近くであった。そして1950年代後半の砂川闘争のことはおぼろげながら記憶している。また、引き揚げ後に法務省関係の宮仕え（国家公務員）になっていた父親は、仕事上で砂川事件とも関係していたようだ。だが、わが家では砂川と沖縄の連関は不可視だった。

そして、筆者が社会的出来事に深く関心をもつようになった頃、沖縄「返還」が大きく話題となっていた。とくに新左翼の間では、「沖縄奪還」か「沖縄解放」かで揉めていた。奪還はあまりにもナショナリスティック、解放はあまりにもアイデアリスティックだと当時の筆者は考えていた。遅れて入った大学での同級生に沖縄出身者がいた。最後の「留学生試験」を受けて入学してきたとその時は認識していた。1972年度の入学であったからだ。1972年、沖縄の施政権返還の年は、いわゆる連合赤軍事件で新左翼系の社会運動は――70年のよど号乗っ取りとともに――「世間」から大きな批判を浴びた年でもある。それ以後、1960-70年の学生運動は急速に衰えていった。と同時に、「世界革命」や「国際拠点づくり」などの外向きの発想も、急速に萎えていった。戦後日本本土での「内向き」の姿勢(政治風潮)は、まだ眠れる獅子状態だったかつての中国の「内向き」姿勢とともに、外国人のほとんど居住していない、「単一民族神話」が自ずと支持されるような情況のなかで醸成された。筆者が社会哲学を学んでいた際も、学部や大学院には留学生がほとんどいない環境であった。そして後に筆者は、社会学に身を置いて社会学理論を中心に研究に専念するようになった。そこで、戦後日本社会学の流れを念頭に置いて、この節の本論を展開してみたい。

戦後の日本社会学も基本的な姿勢は「内向き」(=本土向き)であった。すでに拙論で触れているが(西原 2018b)、1950 年に創刊され原則として年 4 回刊行される日本社会学会の学会誌『社会学評論』は、2016 年度までで 75 回の特集を組んでいたが、そのうちで「日本」という二文字を冠する特集は 14 回あった。だが、この学会誌に「沖縄」の二文字の入った特集はそれまでにはなかった。「沖縄」の文字が現れるのは、2017 年の通算 268 号が初めてで、それは「特集号・沖縄と社会学」と題されていた。ただし、この特集も多くは基本的に沖縄というローカルな地域内(県内)の様子を論じるものが中心となっている(西原 2018b:92)。もちろん、そうしたローカル地域の研究など必要ないといっているわけでは決してない。そうではなく、それと同時に、日本(本土)との関係を含めた沖縄とアジア、あるいは太平洋や世界との連関を問うこともまた社会学的研究にとって不可欠なはずだということを再確認したいのである。

というのも、拙著(西原 2018a)でも指摘したが、かつて岡本恵徳氏が「沖縄に関する日本政府の施策を絶対化し固定的に捉えるのではなく、いわば多構造の国家間のもとでそれを捉えるとらえかたを身に付ける」必然性と必要性に言及し、「『国家』としての日本を相対化する契機を、思想として確立すること」が課題だとした論点と、沖縄研究もまた密接にかかわるからである(岡本 2007: 94, 97)。氏の言葉を交えながら話を続けるならば、「沖縄は『日本国家』からはみだしたところで、沖縄に対する『日本』の対応のありかたを、米国の施策との関連を中心として国際的な動きの中で見ることを可能にする」ような、日本国家(および「国家それ自体も」と筆者は付け加えたいが)の「相対化」が求められていると筆者は考えている。そうした連関への視線はきわめて重要だ。

たとえば「植民地主義」の問題を考えると、イギリス(大英帝国)に典型的なように、国内内部での「対内的な民主主義」と国家外部への「対外的な帝国主義（→植民地主義）」が両立してきた問題の多い近代国家の歴史がある。こうした点（国内民主主義と近代資本主義と植民地主義の三位一体と言い直してもよい）は、世界史的にみて、いわば19/20世紀型の国家観では当然視されていたいわば前提的な思い込みである。その自明性のもとで、帝国日本の戦前の戦争も世界大戦も、さらには戦後の冷戦下での戦争（朝鮮戦争やベトナム戦争など）も、近代国民国家間で生じた。筆者自身は、反戦と平和の創出のためには、こうした古い国家観という前提的観念それ自体を問い直し、変容させ、異なる社会のあり方を創新＝イノベートする必要があると考えてきた（西原 2010, 2016）。そのためには何が必要で、かつ社会学者に何ができるかを不十分ながらも考えてきた。そこで考えられる方向性はいくつかある。以下は、あくまでも社会学研究者としての筆者がかかわる範囲内で、当面、議論を必要とする事柄（の方向性）の例示にすぎないが、それらは次のように述べられるであろう。

第1は、これまでの社会学が対象としてきた「社会」が、つまりヘーゲル流の「国家内社会」概念（「家族－市民社会－国家」という図式で国家内部に社会を位置づける発想）を前提にしてきた古い社会概念が問われなければならない。そこで筆者は社会学者のうち、戦後すぐの高田保馬や近年のウルリッヒ・ベックの所説をしばしば引用して、この点を強調してきた。高田は、戦後すぐの1947年に『世界社会論』を著し、「過去十年あまり、日本にはヘーゲル国家観の影響があまりにも強きに過ぎ」、「世界の結合が忘れられ、ことに世界国家の形成を永遠に亘りて否定するが如き主張が学問の名において行なわれた」と述べ、「世界の各地域の人びとをすべて成員として包括する社会」を世界社会とし、それに対して「対立」し「否定」されるべきは、「事実においては一々の国家であろう」と述べていた（高田 1947: 自序1および本論1, 8）。またベックは、従来の社会学が国民国家内の社会事象（たとえば階級関係や権力構造）を中心に論じてきており、そうした内向きの学問のあり方を「方法論的ナショナリズム」と呼んで批判していた（ベック 2008）。方法論的ナショナリズムは、単なる自民族中心主義的な国家主義であるナショナリズムではないにせよ、知らず知らずのうちにそのようなナショナリズムに加担する恐れがあるとして批判しつつ、ベックは方法論的コスモポリタニズムを主張したのである（ベック 2011）。筆者としては、とりあえず東アジアの現状においては、まず方法論的トランスナショナリズムこそが当面必要だと考えており、その考察もおこなってきているが(西原 2018a, c)、いずれにせよ、ナショナルな枠内でのみ社会を考える「悪弊」は変えられなければならない。

第２は、第１の方向性とともに、そのような脱国家的な志向を日々具体的に実践している人びとの生きざまに学ぶ方向性である。もちろん、ただ学ぶだけではない。上述のベックが別の場所で述べたことだが(ベック 1998)、現代世界において「新たに生じている未来を視野の内に入れて」、これからの「社会」を展望するために学ぶのである。EU成立の状況を背景とするベックは上述のように「コスモポリタニズム」についても述べるが、筆者の立場から言えば、まず問われるべきことは、私たちの足元の東アジアから国家を超える＝トランスナショナルな志向をもって実践してきた人びと、つまり広い意味での移民＝越境者を対象にしつつ、そこで生じてきているトランスナショナルな連携やネットワークを問うことが課題となる。具体的には、移民や外国人労働者、あるいは国際結婚移住者や留学生などである。ここではこれ以上立ち入らないが、沖縄系移民の世界的なネットワーク形成もたいへん興味深い事例である(西原 2018a: 第４章参照)。その際とくに、東アジアや太平洋島嶼国を含むアジア・太平洋地域を視野に入れたリージョナルかつトランスナショナルな視線が重要となってくる。後述するが、トランスナショナリズム論の展開によって、ナショナルな枠を超えた「ローカル地域のリージョナルな連携」――それを「グローカルな連携」と称したい――も見えてくるはずである。

第３に、その連携を阻むものが、一方で国家という枠であり、他方で国家間の対立という情況だとすると、そうしたナショナルな枠や情況から発するもっとも象徴的なものが戦争であり、かつそのための軍事基地問題である。ゆえに、この戦争と基地問題が何よりもまず焦点化されるべきである。トランスナショナルな連携は、平和を基盤とするがゆえに非戦を志向し、それゆえ反戦と反基地とは一体の問題である。基地問題および基地反対運動への着目は、国内の安全や安寧の問題だけでなく、リージョナルな平和の問題であり、戦後世界のアメリカの軍事的な世界戦略をも視野に入れれば当然グローバルな平和の問題でもある。したがって、沖縄はもちろん、本土での基地問題、さらにはグアムやハワイ、あるいは韓国・済州島での基地問題も、当面のアジア太平洋というリージョナルな社会空間を展望するときには重要な論題となり、そしてそれが同時に「グローカルな連携」の問題でもあるというべきだろう。

第4に、しかしながら、理論的検討のみならず実践的活動として、一社会学徒が何をなしうるかという点に焦点を合わせるならば、自らの力量の問題もあって、それほど多くのことを望むのは難しい。それゆえ、当面は足下のトランスナショナルで「グローカルな連携」をいかに実践していくかという点が焦点になる。その具体的な方向性は後にも触れるが、ここでは一社会学徒としての実践的活動にだけ触れておこう。

社会学の領域に限って言えば、2018年6月に全国組織として「沖縄社会学会」が誕生したこと[8]、および21世紀に入ってから活発に交流を続けてきた日中韓の「東アジア社会学者ネットワーク」が、さらに周辺の国家／地域（たとえばモンゴル、台湾、ベトナム、タイなど）を巻き込むかたちで2019年3月に「東アジア社会学会」として成立したことを挙げることができる。なお、後者に関しては、理事として筆者は――理事はこの学会の内部に研究部会（RN = Research Network）を立ち上げるという規則があるので――Transnational SociologyというRNを立ち上げ、設立大会ではこのRNが2つのセッションを設けた。Transnational Sociology 1: Transnational Relationship in North East Regionというセッションと、Transnational Sociology 2: Social Sciences and Okinawan Issuesというセッションである。参加社会学者が属する国家内社会の情況を報告して比較社会学的に検討を加えるのではなく、むしろトランスナショナルな交流や連携を論じあう場にしたいというのがこのRNの設立趣旨であり、日韓中台の社会学者やハワイ大学で博士号を取得した沖縄出身者などがこの方向で報告をおこなったのであった。

第5は、筆者にとって当面もっとも重要なことだと思われるのだが、日常生活者のなかで、さらには反戦や反基地、憲法改悪反対などの運動主体のなかで無意識的に立ち現れてしまう「ナショナル」な言動に留意し、内なるエスノセントリズムあるいはナショナリズムを、いかにトランスナショナルに克服していくかという問題である。この「ナショナル」な問題については――筆者にとっては「間主観性」問題を1つの核としてじっくりと取り組むべき課題として存在するが（西原 2010, 2019; Nishihara 2019）、ここではこの点に触れるだけの紙幅はないので――この課題を考える際に筆者がつねに意識して学んでいる沖縄からの問いかけを中心に、次節で簡潔に述べるにとどめておきたい。

3. 沖縄からの学び――国家論と社会憲法案からトランスナショナルな未来へ

沖縄の代表的思想家のひとり新川(あらかわ)明氏は、沖縄の日本「復帰」を批判する反復帰論を論じる際に、同時に「反国家」という視角を明示した。いまそれを彼の言葉を交えて示しておこう。「『お国のために殉じる』ということで近代戦の惨禍を一身に引き受けたさる沖縄戦の論理を、そのまま、『民主』化の衣装をまとわせる」ような「日本国の平和」のためということが、「沖縄のたたかいの目的にされてしまうことなど、真っ平御免」で、「沖縄のたたかいは、あえていうならば、究極においていかなる政治権力がこれを握ろうと、国家の存立それ自体を否定するものでなければならないはずのものであった」(新川 1971:16)。この 1970 年早々に示された言葉にいま付け加えるものはない。

さらに、同じく「反復帰論者」としても知られている川満信一氏は「琉球共和社会憲法C私(試)案」の第一条で、「われわれ琉球共和社会人民は、歴史的反省と悲願のうえにたって、人類発生史以来の権力集中機能による一切の悪業の根拠を止揚し、ここに国家を廃絶することを高らかに宣言する」と述べていたことも大いに着目に値する(川満 2010: 106)。なお彼はさらに同案第十一条では「琉球共和社会の人民は、定められたセンター領域内の居住者に限らず、この憲法の基本理念に賛同し、遵守する意志のあるものは人種、民族、性別、国籍のいかんを問わず、その所在地において資格を認められる」と述べていたことも付け加えておこう(川満 2010: 109)。「国家を求めれば国家の牢に住む。集中し、巨大化した国権のもと、搾取と圧迫と殺りくと不平等と不安の果てに戦争が求められる」(川満 2010: 105)と記す川満氏の思いは、沖縄戦の悲惨さを出発点とし、伊佐浜土地闘争を「思想の核」として、そのもととなった戦争を遂行する主体としての国家を忌避すべく、上述のように「国家を廃絶する」ことを大きな目標としたのであろう(西原 2019: 100f.)。

すでにこの付章で触れた岡本恵徳氏ともに、新川・川満両氏の 1970 - 80 年代を中心とする言説は、いまこそ振り返るべき根底的な思考の出発点であるように筆者には思われる。そしてそれらは、私たちの思考と行動の向かう先をも示しているだろう。ここではその方向性を考える一助として、アメリカ社会学会長も経験したE. O. ライトの「リアル・ユートピア」という視点を示しておきたい。ここでいう「リアル・ユートピア」論とは、簡潔にいえば、まだ十全なかたちでは世の中で現実化はされていない――それゆえユートピアだ――が、その片鱗は部分的であれ現実に（＝リアルに）立ち現れて存在し始めている「現在支配的な制度の基本論理を覆すような」事例や現象に光を当てる発想だ（ライト 2016: 38）。そこで彼はいう、「『Real Utopia』という語のなかの Utopia は、私たちが望む公正で人間的な世界を実現するために、現在支配的である諸制度の代替案つまりオルタナティブを考えることを意味する」と。そしてさらに、その際に生じてくる課題として、彼は次の 3 点を挙げる。

最初の課題は、①「権力と不平等の社会的組織」という「害悪の社会的な原因を分析すること」、次の課題は、②「これらに代わる制度と構造を作りだすこと」、そして最後の課題は、③「現在からユートピアへと到達する方法を教えるような変化の理論を作り出すこと」、である（ライト 2016: 37）。以上は簡潔に、①歴史分析、②未来構想、③方法戦略とまとめることができるだろう。

そこで、以上の論述をもとに、これまでの東アジア共同体形成という課題に関して言及してみよう。ただし、紙幅上、ここでは東アジア共同体論の歴史的展開に関しては触れることはできない（その点は、拙稿（西原 2019）を参照していただけると幸いである）。とはいえ、最近の「東アジア共同体・沖縄（琉球）研究会」関連の東アジア共同体論の議論（たとえば、進藤・木村編 2017、木村編 2019）に接して筆者が感じることだが――そしてそこでは間違いなく重要な分析や提案がなされていることは声を大にして強調しておきたいが――、それは現状分析を含む上記の①の課題への挑戦は焦点化されているが、②未来構想や③方法戦略といった課題は必ずしも十分に焦点化されていないように思われる点である。筆者自身も十分になし得ていないのに指摘するのはおこがましい限りだが、自省も込めて、この点を指摘しておくことができるように思われる。せっかくの東アジア共同体の「研究会」であるので、その共同体形成の具体的な「構想」と「方法」がもう少し焦点化されてもよいのではないだろうか。

アジアとの連携を語るときの各人の具体的な構想と方法は、これまでの（歴史・現状）分析とともにきわめて重要な課題だと思われる。そして、この構想と方法に関する課題であれば、若い世代も未来の自分のこととして、具体的・積極的にナショナルな枠を超える議論の輪に加われるように思われる。東アジア共同体研究会のシンポジウム（これに関しては、西原 2018c を参照されたい）において、（少なくとも筆者が見聞してきた限りだが）自らを含めて高齢世代の参加者が圧倒的に多い。歴史的現在はきちんと総括する必要があることは言うまでもないが、未来を具体的に展望・構想する――若い世代を巻き込んだ――議論が今後一層、望まれるのではないだろうか。

その未来構想という点で、たとえば川満氏は、「超越憲法案」を提唱し、東アジア国連本部設置や東アジア共同体基軸通貨発行庁のアイデアを披歴して「東アジア幻想共同体」構想に言及している（川満 2010）。あるいは、賛否はあるにせよ、また川満氏の「琉球共和社会憲法」案と同列に置くことは難しいが、中村民雄氏らが試みていたような「東アジア共同体憲章案」（中村ほか 2008）といった試みも、議論の活性化のためには重要であろう。そうした新たな段階にいま「東アジア共同体研究」は足を踏み入れる時期に来ているように筆者には思われる。この点に関しては、若い人も含めて一般に（つまりヤマトやウチナーにおいても）中国や北朝鮮の脅威論が浸透している時だからこそ、その論議に有効に反撃するためにも、このリージョンにおける協力・共働の道筋を実践論的課題として具体的に考える地点にいま立っているように思われるのである。

最後に、この小論ではそうした具体案にさらに立ち入ることはできないが、その案のヒントとなる発想を少なくとも 2 つだけ挙げておくことができる。この点を結びに代えるかたちで記しておきたい。

公害運動のリーダーとしても知られていた宇井純氏は、筆者らが企画し招聘した最晩年のシンポジウムにおいて、水俣やアジア各地そして沖縄などでの経験を念頭に置きながら、「徹底した地域主義」を唱えていた（西原編 2007: 116, 132 など参照）。これを聴いた地域社会学者は小躍りして喜んだが、宇井氏の意図とはズレていたように思われる。宇井氏は（他の報告者が）国家が「必要悪でできたとおっしゃったけど、国家が必要なんでしょうか」と問いかけ、「国とは別に、一人ひとりの個人の利益の間に公共という一つの場がある」と述べて、最後にこの徹底した地域主義の立場から「日本が滅んでも地域が生き残りゃいいじゃないか」を結んだとき、筆者は国家の存在を相対化する視点を得た思いであった（西原編 2007:111,120）。国家の力はもちろん侮れない。しかし国家の力を絶対視するのでなく、相対化することはできる。

そこで筆者は、すでに述べてきたが、(a) 越境者の生活空間形成と脱国家的な越境空間の社会的生成の知見の整理、(b) 国際関係ではない脱国家的で共歓的（コンヴィヴィアル）な人際関係（人と人との関係）とその理論的基礎づけとしてのヴァルネラビリティ（死にも至る身体の可傷性）や間身体性の議論の精緻化、および (c) 社会関係の相互行為的生成の問題を基層とする人際関係とその理論的展開問題としてのトランスナショナリズム、グローカリズム、コスモポリタニズムなどの概念の社会学的検討と、さらに (d) 具体的越境空間の意識的形成の問題としての東アジア共同体に焦点化した過去、現在の学知的な検討を踏まえた、(e)《具体的越境空間の意識的形成の問題としての地域連合体の形成問題とその社会理論的展開》（未来構想論的発生論）を考えている。

この最後の (e) の《 》内の実践論的議論は、もはや硬いナショナルな枠／旧い国家概念に依拠することなく、自分たちが生きているローカルな地域とトランスナショナルでリージョナル／グローバルな志向のもとでの他のローカルな地域との関係性を模索するものである。その意味でのトランスナショナルで「グローカルな連帯」はいかにして可能かという問いが立てられる。

この問いへの解答のヒントは、島袋純氏がうまくまとめているように（島袋・阿部編 2015）、アジアとのグローカルな連携を打ち出した「屋良建議書」「国際都市形成構想」さらに「沖縄 21 世紀ビジョン基本計画」に見られる沖縄の平和志向性から具体的に学ぶことのなかにあるだろう。沖縄から考える「東アジア共同体・沖縄（琉球）研究会」が、沖縄の置かれている現状を告発し、日本政府やアメリカ政府を批判することは不可欠だが、「日本」の世論が中国・北朝鮮（さらには韓国）の脅威論に影響を受けるかたちで日米安保体制や米軍基地や自衛隊の存在を支持しているという現状を打破して、脅威→対立ではなく、脅威→協力へと転轍する具体的方策をどこまで実践論的に考えていけるのか、それが現時点の重要な課題の 1 つだと思われる。その当面の要諦は、グローカル時代におけるローカルな地域や団体のトランスナショナルでリージョナルな連帯である。沖縄や砂川などから大いに学びつつ、各人の立ち位置から、そうした具体的な展開をどこまでグローカルに構想し、実践していけるのか、それがいま問われている課題だと筆者には思われるのである[9]。

注

1 事件当事者・土屋源太郎氏は「何かがあると思っていた」と回想している（土屋編 2015: 62）。

2 以上の内容と経緯に関しては、布川・新原（2013）、吉田・新原・末浪（2014）などを参照されたい。

3 筆者自身、伊江島の阿波根昌鴻氏らの活躍に学ぶところが多く、その生きざまに関してはすでに論じたことがある（西原 2018a: 183 以下参照）。なお、砂川闘争を中心的に担った宮岡政雄氏と伊江島の阿波根昌鴻氏との間には手紙のやりとりをする関係があったことを付記しておく。後述の「砂川平和ひろば」には、1972 年 3 月の阿波根昌鴻氏からの葉書が展示されている。

4 その条文の冒頭には、「日本国は、北緯二十九度以南の南西諸島（琉球諸島及び大東諸島を含む。）、孀婦岩の南の南方諸島（小笠原群島、西之島及び火山列島を含む。）並びに沖の鳥島及び南鳥島を合衆国を唯一の施政権者とする信託統治制度の下におくこととする国際連合に対する合衆国のいかなる提案にも同意する。」（歴史研究会編 1997: 237）と書かれているが、この条文は実行されることはなかったのである。

5 1955 ～ 57 年ごろの砂川闘争当時に沖縄の運動関係者も砂川町に来訪して交流しているが（宮岡 2005: 121, 123）、一般には両者の繋がりもこの時点では見えにくかったというべきだろう。

6 立川飛行場は 1922 年に帝都防衛のために本格的に開設され、一時期は官民共用であったが、1933 年には陸軍専用の飛行場になっていた。それが接収されてフェンスで囲われた米軍基地となったのである（鈴木 2012）。基地内に、砂川の農民の所有地があったことは言うまでもない。それが 1957 年の反対派の基地突入という砂川事件の背景にあったのである。

7 アジアとの関係で付け加えておけば、若い学生たちと話していると、「中国や北朝鮮の脅威があるので、本土や沖縄に米軍や自衛隊の基地があるのは仕方ない」という答えが少なからず返ってくる。それはもちろん、日本の若い世代だけの問題ではないだろう。各世代の安倍内閣支持の根拠として、これらの国の脅威がもち出される。かつての「露西亜」あるいは「ソ連」、「中共」の脅威と同じようにである。さらに同じ論調を、筆者はハワイおよびハワイ大学でもしばしば耳にした。いずれにせよ、（中国や北朝鮮の）共産主義国家の脅威（とくに核、ミサイル、軍事侵攻の脅威）論は、独裁体制・言論統制などの問題と絡めながら、基地問題や改憲絡みで日々語られ、再生産されている。なお、中国や北朝鮮に関する右派の言説に関しては、拙著（西原 2018a: 第 10 章）も参照されたい。

8　かつても沖縄の社会学者の内部での「沖縄社会学会」が存在したので、その意味では 26 年ぶりの「復活」という側面ももつ。

9　今日までに沖縄では、日本との関係において、社会憲法論、自治強化論、独立志向論、連邦模索論とでもいうべき議論がなされてきているが、それらを包含するかたちで東アジア共同体論を構想しつつ、まず可能な点を出発点とするために、北東アジアのグローカルかつリージョナルで、トランスナショナルな連携が求められていると筆者は考えている。それゆえ筆者は現在、日韓中台で「北東アジアにおける平和と連携のための社会研究者ネットワーク」（Social Researchers' Network for Peace and Solidarity in North East Asia: SRN）の形成に着手しているが、この点は別の機会に報告したいと考えている。

＊なお、この付章での指示文献は巻末の「文献リスト」に組み込んであるので、そのリストを参照願いたい。

あとがき

本書は、詳細な引用などはあえておこなわずに、読みやすさを旨として、東アジアと環太平洋の視角から一気に現代の国際社会の様子を理解できるように努めたトランスナショナル社会学の導入の書である。もちろん、世界は多様性と複雑性に満ち溢れているので、筆者が小さな本でできることは限られている。アジア太平洋を中心に国境を越えて人びとが移動する点に着目しながら、「移動」「移民」「越境」に焦点を合わせて検討し、そこから国家を超える連携を模索する道が本書のメインストリートである。その目指すところは、「平和と共生のためのトランスナショナルかつリージョナルな連携」である。東アジアから出立し、東アジアにたどり着くようなかたちで本書をまとめたのも、世界の状況を参照しながら、北東アジアの平和と共生から再出発したいと考えたからである。

本書は、講義形式を念頭に書かれている。それゆえ、学生との対話を念頭に置きつつ、細かな点には拘泥せずに、枝葉を切り落とし、かつ筆者自身の体験も交えながら、書き進んだ。それゆえ、お世話になった先行研究の多くに言及する場は十分に確保できなかった。それは、別著の専門書に委ねたいと思う。これまで読む機会のあった数多くの先行研究に関しては、いちいち挙示しなかった点をお詫びするとともに、この場を借りて御礼申し上げたい。

なお、このように本書のメインストリートは簡潔さを旨にしてすっきりとしたかたちになるよう心掛けたので、本書の主張の核心部分（結論）が逆にわかりにくくなっているかもしれない。そこで、別の機会に書いた論稿に必要な改訂を加えて、本書の付章とすることにした。少し専門論文風に記されているが、現在までの、そして今後の、筆者の着目点と取り組みが見えてくると思われる。合わせて参照していただけると幸いである*。執筆機会をいただいた「東アジア共同体・沖縄（琉球）研究会」にこの場を借りて謝意を表したい。

*初出は、『東アジア共同体・沖縄（琉球）研究』3号（2019年8月）pp.46-55である。

本書は、成城大学研究機構の2019年度の研究支援プロジェクトに基づく「研究成果の公表（出版等助成）支援」を受けている。また現在の研究に関しては、2017-19年度の科学研究費（課題番号17K04100）「沖縄独立研究と琉球社会憲法の国家観――沖縄県人・県系人にみるトランスナショナリズム」と成城大学の特別研究助成「沖縄の将来構想と東アジア――アジア太平洋知的共同体形成の可能性」、および成城大学グローカル研究所の研究ファンドも活用させていただいた。ここに記して謝意を申し上げたい。

最後になるが、今回も東信堂の下田勝司社長には、いつもながら大変お世話になった。「現代国際社会学」という味気ない表題に、「フロンティア」という言葉を加えたらどうかというのは、下田社長の提案である。この「国際社会学ブックレット」が他の執筆者を含めて、これからの日本、アジア、世界の未来に向けた新たな議論の場となることを強く望んでいる。ここから、理論、実証、実践の新たな跳躍がなされることを夢見つつ、筆を擱くことにする。

2019年11月

西原和久

文献リスト（日本語表記の 50 音順）

【ア行】

阿部純一郎 2014『〈移動〉と〈比較〉の日本帝国史――統治技術としての観光・博覧会・フィールドワーク』新曜社

荒井利子 2015『日本を愛した植民地――南洋パラオの真実』新潮社

新川明 1971『反国家の兇区』現代評論社（新版 1996 社会評論社）

新崎盛暉 2005『沖縄現代史 新版』岩波書店

新崎盛暉 2016『日本にとって沖縄とは何か』岩波書店

アーリ, J. 2006『社会を越える社会学』吉原直樹監訳、法政大学出版局

有田伸・山本かほり・西原和久編 2016『国際移動と移民政策――日韓の事例と多文化主義再考』東信堂（国際社会学ブックレット 2）

アンダーソン, B. 1997『増補 想像の共同体』NTT 出版

池上彰 2016『知らないと恥をかく世界の大問題 7――G ゼロ時代の新しい帝国主義』KADOKAWA

ウォーラーステイン, I. 1981『近代世界システム（Ⅰ・Ⅱ）』川北稔訳、岩波書店

岡部牧夫 2002『海を渡った日本人』山川出版社

岡本恵徳 2007『「沖縄」に生きる思想』未來社

翁百合 2019「オーストラリアの移民政策と評価」（日本総研ビューポイント）

小熊英二 1995『単一民族神話の起源―「日本人」の自画像の系譜』新曜社

小熊英二 1998『〈日本人〉の境界――沖縄・アイヌ・台湾・朝鮮 植民地支配から復帰運動まで』新曜社

【カ行】

梶田孝道 1996『国際社会学のパースペクティブ』東京大学出版会

カースルズ, S. & ミラー, M. J. 2011『国際移民の時代［第 4 版］』関根政美・関根薫監訳、名古屋大学出版会

勝俣誠 2013『新・現代アフリカ入門――人々が変える大陸』岩波書店

川満信一 1987『沖縄・自立と共生の思想――「未来の縄文」へ架ける橋』海風社

川満信一 2010『沖縄発――復帰運動から 40 年』世界書院

川満信一・仲里効編 2014『琉球共和社会憲法の潜勢力――群島・アジア・越境の思想』未來社

キクムラ＝ヤノ・アケミ編 2002『アメリカ大陸 日系人百科事典――写真と絵で見る日系人の歴史』小原雅代ほか訳、明石書店

木村朗編 2019『沖縄から問う東アジア共同体――「軍事のかなめ」から「平和のかな

め」へ』花伝社
ゲルナー, E. 2002『民族とナショナリズム』加藤節監訳、岩波書店
高誠晩 2017『〈犠牲者〉のポリティクス――済州 4・3／沖縄／台湾 2・28　歴史清算をめぐる苦悩』京都大学学術出版社
コーエン, R. & ケネディ, P. 2003『グローバル・ソシオロジー』(1) 格差と亀裂、(2) ダイナミクスと挑戦、山之内靖訳、平凡社

【サ行】

在亜沖縄県人連合会編 2016『アルゼンチン、沖縄移民 100 年の歩み』
佐藤成基 2008『ナショナル・アイデンティティと領土――戦後ドイツの東方国境をめぐる論争』新曜社
塩出浩之 2015『越境者の政治史――アジア太平洋における日本人移民と植民』名古屋大学出版会
塩原良和 2010『変革する多文化主義へ――オーストラリアからの展望』法政大学出版局
塩原良和・稲津秀樹編 2017『社会的分断を越境する――他者と出会いなおす想像力』青弓社
島袋純・阿部浩己編 2015『沖縄が問う日本の安全保障』岩波書店
新城郁夫 2018『沖縄に連なる――思想と運動が出会うところ』岩波書店
進藤榮一・木村朗編 2017『中国・北朝鮮脅威論を超えて――東アジア不戦共同体の構築』耕文社
鈴木芳行 2012『首都防空網と〈空都〉多摩』吉川弘文館
スミス, A. 1999『ネーションとエスニシティ』名古屋大学出版会
成城大学グローカル研究センター編 2020『グローカル研究の理論と実践』東信堂
孫歌 2002『アジアを語ることのジレンマ――知の共同空間を求めて』岩波書店
孫歌ほか編 2006『ポスト〈東アジア〉』作品社

【タ行】

高田保馬 1947『世界社会論』中外出版
樽本英樹 2016『よくわかる国際社会学（第 2 版）』ミネルヴァ書房
張玉林 2011「グローバル化と東アジアの農業・農村社会――食料と「花嫁」の大量輸入を中心に」『コロキウム：現代社会学理論・新地平』第 6 号
陳光興 2011『脱 帝国――方法としてのアジア』丸川哲史訳、以文社
土屋源太郎編 2015『砂川判決と安保法制――最高裁判決は違憲だった！』世界書院
ドラゴンの会 2001『心に杭は打たれない――いま語りつぐ基地・砂川物語』国土社
鳥越皓之 2013『琉球国の滅亡とハワイ移民』吉川弘文館
Thompkins, A. & Laurier, C., 2018, When the Sky Opened: The Transformation of Tachikawa Air

Base into Showa Kinen Park, Miller, C. & Crane, J., eds., *The Nature of Hope: Grassroots Organizing, Environmental Justice, and Political Change*, Colorado: University Press of Colorado.

【ナ行】

中村民雄ほか編 2008『東アジア共同体憲章案――実現可能な未来をひらく議論のために』昭和堂
中村民雄 2016『EU とは何か――国家ではない未来の形〔第 2 版〕』信山社
西原和久 2003『自己と社会――現象学の社会理論と〈発生社会学〉』新泉社
西原和久編 2007『水・環境・アジア――グローバル化時代の公共性へ』新泉社
西原和久 2010『間主観性の社会学理論――国家を超える社会の可能性 [1]』新泉社
西原和久・油井清光編 2010『現代人の社会学・入門――グローバル化時代の生活世界』有斐閣
西原和久・保坂稔編 2013『増補改訂版 グローバル化時代の新しい社会学』新泉社
西原和久・樽本英樹編 2016『現代人の国際社会学・入門――トランスナショナリズムという視点』有斐閣
西原和久・芝真里編訳 2016『国際社会学の射程――社会学をめぐるグローバル・ダイアログ』東信堂（国際社会学ブックレット 1）
西原和久 2016『トランスナショナリズムと社会のイノベーション――越境する国際社会学とコスモポリタン的志向』東信堂（国際社会学ブックレット 3）
西原和久 2018a『トランスナショナリズム論序説――移民・沖縄・国家』新泉社
西原和久 2018b「日本社会学と沖縄問題――トランスナショナリズムと東アジア共同体という視角」『グローカル研究』第 5 号
西原和久 2018c「沖縄と東アジア共同体という問題圏――リージョナリズムとトランスナショナリズム」『コロキウム：現代社会学理論・新地平』第 9 号
西原和久 2019「沖縄と東アジア共同体論へのリージョナルな問い――トランスナショナル社会学と現象学的社会学とのグローカルな接点」『グローカル研究』第 6 号
Nishihara, K., 2019, Intersubjectivity and Transnational Phenomenological Sociology: An Essay on Social Empathy in East Asia from the Viewpoint of Okinawan Issues, *Journal of Asian Sociology*, The Institute for Social Development and Policy Research, Seoul National University.
新田次郎 1979『密航船水安丸』講談社

【ハ行】

萩尾生 2016「在外バスク系同胞の過去・現在・未来――世界に広がるウチナーンチュとの比較研究を念頭に」『移民研究』第 12 号
白永瑞 2016『共生への道と核心現場――実践課題としての東アジア』趙慶喜監訳、法政大学出版局
ハート, M. & ネグリ, A. 2003『帝国――グローバル化の世界秩序とマルチチュードの可

能性』水島一憲ほか訳、以文社
布川玲子・新原昭治編 2013『砂川事件と田中最高裁長官――米解禁文書が明らかにした日本の司法』日本評論社
ブラジル沖縄県人会編 2000『ブラジル沖縄県人移民史――笠戸丸から 90 年』移民史刊行委員会
フランク, A. G. 1978『世界資本主義とラテンアメリカ――ルンペン・ブルジョワジーとルンペン的発展』西川潤訳、岩波書店
ベック, U. 1998『危険社会――新しい近代への道』東廉・伊藤美登里訳、法政大学出版局
ベック, U. 2008『ナショナリズムの超克――グローバル時代の世界政治経済学』島村賢一訳、NTT 出版
ベック, U. 2011「第二の近代の多様性とコスモポリタン的構想」油井清光訳、ベック、ウルリッヒ・鈴木宗徳・伊藤美登里編『リスク化する日本社会――ウルリッヒ・ベックとの対話』岩波書店
ベック, U. 2016「社会学におけるコスモポリタン的転回」西原和久訳、西原・芝編訳 2016 所収
ホブズボウム, E. & レンジャー, T. 1992『創られた伝統』前川啓治ほか訳、紀伊國屋書店

【マ行】

前田朗 2008『軍隊のない国家――27 の国々と人びと』日本評論社
孫崎享 2012『戦後史の正体 1945-2012』創元社
松岡哲平 2019『沖縄と核』新潮社
松島泰勝 2012『琉球独立への道――植民地主義に抗う琉球ナショナリズム』法律文化社
松島泰勝 2015『琉球独立宣言――実現可能な五つの方法』講談社
宮岡政雄 2005『砂川闘争の記録』御茶の水書房
宮島喬・佐藤成基・小ヶ谷千穂編 2015『国際社会学』有斐閣

【ヤ行】

薬師寺公男・坂元茂樹・浅田正彦編 2019『ベーシック条約集』東信堂
矢部宏治 2016『日本はなぜ、「戦争ができる国」になったのか』集英社
矢部宏治 2017『知ってはいけない――隠された日本支配の構造』講談社
山田信行 2012『世界システムという考え方――批判的入門』世界思想社
吉田忠雄 1983『国辱――虚実の「排日」移民法の軌跡』経済往来社
吉田忠雄 2003『増補版　カナダ日系移民の軌跡』人間の科学新社
吉田忠雄 2006『南米日系移民の軌跡』人間の科学新社

吉田敏浩・新原昭治・末浪靖司 2014『検証・法治国家崩壊――砂川裁判と日米密約交渉』創元社

吉原和男編 2013『現代における人の国際移動――アジアの中の日本』慶應義塾大学出版会

【ラ行】

ライト, E. O. 2016「グローバル社会学のためのリアル・ユートピア」姫野宏輔訳、西原・芝編訳 2016 所収

歴史学研究会編 1997a『日本史史料［4］近代』岩波書店

歴史学研究会編 1997b『日本史史料［5］現代』岩波書店

著者紹介

西原　和久（にしはら　かずひさ）

成城大学社会イノベーション学部心理社会学科教授・名古屋大学名誉教授。名古屋大学にて博士号（社会学）取得。マンチェスター大学、南京大学、ハワイ大学等の客員研究員・客員教授などを経験。専門は、社会学理論、移民研究、国際社会学。著書は、『意味の社会学―現象学的社会学の冒険』（弘文堂、1998年）、『自己と社会―現象学の社会理論と〈発生社会学〉』（新泉社、2003年）、『間主観性の社会学理論―国家を超える社会の可能性［1］』（新泉社、2010年）、『トランスナショナリズムと社会のイノベーション』（東信堂、2016年）、『トランスナショナリズム論序説―移民・沖縄・国家』（新泉社、2018年）など。編著は『現代人の社会学・入門―グローバル化時代の生活世界』（油井清光と共編：有斐閣、2010年）、『現代人の国際社会学・入門―トランスナショナリズムという視点』（樽本英樹と共編：有斐閣、2016年）など。訳書には『シュッツ著作集』（全4巻、マルジュ社、共訳）のほか『間主観性と公共性』『社会学キーコンセプト』『社会運動とは何か』『社会的身体』（いずれも、N. クロスリー著、新泉社、単訳ないし共訳）などがある。

■国際社会学ブックレット　4

現代国際社会学のフロンティア―アジア太平洋の越境者をめぐるトランスナショナル社会学

2020年2月28日　　初　版第1刷発行　　〔検印省略〕

定価は表紙に表示してあります。

著者©西原和久／発行者 下田勝司　　印刷・製本／中央精版印刷

東京都文京区向丘 1-20-6　　郵便振替 00110-6-37828

〒113-0023　TEL (03) 3818-5521　FAX (03) 3818-5514

発行所 株式会社 東信堂

Published by TOSHINDO PUBLISHING CO., LTD.

1-20-6, Mukougaoka, Bunkyo-ku, Tokyo, 113-0023, Japan

E-mail : tk203444@fsinet.or.jp http://www.toshindo-pub.com

ISBN978-4-7989-1621-7 C3336

国際社会学ブックレット

① 国際社会学の射程

—社会学をめぐるグローバル・ダイアログ—

西原和久・芝真里 編訳

A５判・横組・128ページ　本体1200円

ISBN978-4-7989-1336-0 C3336　2016年２月刊

② 国際移動と移民政策

—日韓の事例と多文化主義再考—

有田伸・山本かほり・西原和久 編

A５判・横組・104ページ　本体1000円

ISBN978-4-7989-1337-7 C3336　2016年２月刊

③ トランスナショナリズムと社会のイノベーション

—越境する国際社会学とコスモポリタン的志向—

西原和久 著

A５判・縦組・144ページ　本体1300円

ISBN978-4-7989-1338- 4 C3336　2016年２月刊

❹ 現代国際社会学のフロンティア

—アジア太平洋の越境者をめぐるトランスナショナル社会学—

西原和久 著

A５判・横組・112ページ　本体1100円

ISBN978-4-7989-1621-7 C3336　2020年２月刊

以下続刊